Abenteuer Auswanderung

Dieses Buch gehört:

Name _____

Adresse _____

E-Mail _____

Handy _____

Abenteuer
Auswanderung

Es ist ein großer Schritt in ein anderes Land auszuwandern. Aber noch viel größer scheint die Menge an den zu erledigenden Aufgaben zu sein, bevor man seine Heimat verlässt. Als ich vor meiner Auswanderung stand, war ich überwältigt und etwas planlos, deshalb hätte mir einen Planer gewünscht, in dem ich jeden Schritt abarbeiten und immer wieder nachlesen kann.

Warum sollte man eigentlich auswandern? Es gibt zahlreiche Gründe, warum eine Auswanderung attraktiv sein kann. Egal ob Dich die Abenteuerlust packt, Du Dich nach besserem Wetter sehnst oder einfach nur Auslandserfahrungen sammeln möchtest. Dies ist natürlich nur ein kleiner Auszug von möglichen Gründen.

Dieses Buch beinhaltet viele Vorlagen, an denen Du Dich bei der Planung orientieren kannst, zusätzlich hast Du immer die Möglichkeiten Deine individuellen Aufgaben oder Gedanken einzutragen. Ich wünsche dir viel Freude und Erfolg mit diesem Planer. Alles Gute in deinem neuen Traumland.

Lebe Dein Leben *jetzt!*

Inhalt

Inhalt

Inhalt

Deine Legende

Für den Kalenderbereich habe ich einige Kürzel verwendet:

WT = Wochentage, MO = Montag, DI = Dienstag, MI = Mittwoch,

DO = Donnerstag, FR = Freitag, SA = Samstag und SO = Sonntag

Deine Punkte:

Deine Legende

_____

_____

_____

_____

_____

_____

_____

_____

_____

_____

_____

_____

_____

_____

_____

_____

_____

_____

_____

_____

_____

_____

_____

_____

_____

Die Sehnsucht nach etwas Neuem und das Fernweh ist für Bürger aus dem DACH-Raum ungebrochen groß. Seit 2015 hat sich die Liste der Top-Auswanderungsländer daher kaum verändert.

Top vier Auswanderungsländer für Leute aus dem DACH-Raum:

Top	Deutsche	Schweizer	Österreicher
1	Schweiz	Frankreich	USA
2	USA	Deutschland	Schweiz
3	Österreich	USA	Kanada
4	Großbritannien	Italien	Australien

Neben den o.g. Dauerbrenner-Auswanderungsländern, kommen auch immer mehr Ziele hinzu, in denen man als Selbstständiger oder als Rentner sehr gut leben kann. Darunter zählen z. B. Ungarn, Thailand, Indonesien und Georgien. Ich persönlich liebe es zwar die ganze Welt zu bereisen, bin aber auch gerne heimatnah und genieße den europäischen Standard. Gerade die ehemaligen britischen Kolonien sind für Auswanderer sehr interessant, da in diesen Ländern Englisch gesprochen wird, die Infrastruktur vorhanden ist und es hier oftmals steuerliche Vorteile gibt. Keine Sorge, Du musst jetzt nicht in das wunderschöne und weit entfernte Belize auswandern, wenn es im europäischen Raum ehemalige britische Kolonien wie Malta und Zypern gib. Diese beiden Länder sind ebenfalls wunderschön und bieten Auswanderern viele Vorteile.

Falls Du zwar Fernweh verspürst, aber nicht weißt, welches Land für Dich geeignet ist, empfehle ich dir eine Entscheidungsliste aufzustellen. Stelle erst einmal nur die Landessprache und die Einkommensmöglichkeiten gegenüber. Wenn Du beispielsweise es bevorzugst angestellt zu bleiben und eine gute Qualifikation hast, sind ggf. die Niederlande, die Schweiz oder der skandinavische Raum für Dich interessant. Wenn Du wiederum lieber selbstständig sein möchtest, aber mit wenig Geld auskommen musst, sind ggf. Länder wie Georgien oder Thailand für Dich besser geeignet.

Egal wohin es Dich verschlägt, wünsche ich dir, dass Du schnell Wurzeln in deiner neuen Heimat schlägst.

Eine Auswanderung sollte nicht über den Zaun gebrochen werden und bedarf einiges an Überlegungen und Planung. Aber keine Panik, am besten startest Du erstmal mit folgenden Punkten:

1. In **welches Land** möchtest Du einwandern?

   _____

   Warum möchtest Du ausgerechnet in **dieses Land** auswandern?

   _____

   Hast Du einen „**Plan B**"? Also ein alternatives Auswanderungsland?

   _____

2. In vielen Ländern muss man unterschiedliche **Grundvoraussetzung erfüllen**, um dort hin auswandern zu können. Überprüfe, ob Du diese Anforderungen erfüllst. Typische Beispiele wären:

   - Vorgabe von einem Mindestalter bzw. einer Altersgrenze.
   - Ausschluss von bestimmten Nationalitäten.
   - Ausschluss von Krankheiten und Vorerkrankungen.
   - Finanzielle Vorgaben z. B. ein bestimmtes Vermögen.
   - Wird ein Arbeitsvertrag gefordert?
   - Kannst Du die Visumsbedingungen erfüllen?

3. Prüfe, ob das Auswanderungsland **Deine Vorstellungen** und Voraussetzungen erfüllt!

   - Welche Sprache wird dort gesprochen?
   - Kannst Du Dich dort verständigen?
   - Herrschen dort stabile Verhältnisse? Im Hinblick auf die Politik, Kriminalität, Finanzkrisen, Naturkatastrophen etc.
   - Kannst Du dort ein Einkommen erwirtschaften, von dem Du auch leben kannst?
   - Wie ist die medizinische Versorgung?
   - Welche Krankenversicherungsoptionen gibt es? Wie viel kosten diese und was decken sie alles ab?

- Wie ist das Klima und die Landschaft?
- Wie sehen die Lebensweisen und entsprechend diese Deinen Plänen?
- Wie hoch sind die Lebenshaltungskosten? Möglicherweise ist alles teurer, da es sich z. B. um eine kleine Insel handelt, welche alle Produkte importieren muss.
- Gibt es vor Ort gute Schulen und was kosten diese?
- Wie ist die Infrastruktur: Gibt es öffentliche Verkehrsmittel?
- Wie sieht die Versorgung mit Strom und Wasser aus?
- Wie ist die Internetverbindung, etc.? **Wichtig beim Online Business.**
- Welche Regeln und Gesetzte gibt es in Bezug auf: Einwanderung, Arbeit, Eigentum?
- Welche Aufenthaltsbestimmungen gelten dort? Benötigst Du ein spezielles Visum?

Es ist wichtig vorab zu wissen, wie die **Situation und die Anforderungen in deinem Wunsch-Auswanderungsland** sind. Um Dich über Mentalitäten des Landes zu informieren, kannst Du dir zahlreiche Blogs durchlesen und dir Youtube-Vlogs anschauen. Erste Kontakte kannst Du in Facebook-Gruppen und bestimmten Foren knüpfen und Dich mit anderen Auswanderern austauschen. Du musst nicht alles alleine rausfinden, oft berichten andere Auswanderer von ihren Erfahrungen. Gerade wenn Du im Ausland selbstständig bist, sollte die Infrastruktur gewährleistet werden.

4. Plane einen **Urlaub in Deine neue Heimat** und prüfe direkt vor Ort, ob es Deinen Vorstellungen entspricht.

- Miete Dich in Ferienapartments oder Airbnb-Wohnungen ein, um mitten im Alltag zu sein.
- Miete einen Leihwagen und erkunde Deine neue Heimat.
- Besuche Auswanderungsstammtische und rede mit anderen Auswanderern und lass dir dort hilfreiche Tipps geben.
- Sprich mit Einheimischen vor Ort.
- Mach dir ein Bild von den Preisen und kaufe in verschiedenen Supermärkten ein.
- Probiere die einheimische Küche aus.

5. Vereinbare einen **Termin bei einer Beratungsstelle**, beispielsweise bei der „DIA – Deutsche im Ausland e.V.", „Auslandschweizer-Organisation (ASO)" oder „Auslandsösterreicher-Weltbund". Auch wenn Du im Netz schon viel selber recherchieren kannst, solltest Du eine solche Beratung in Anspruch nehmen, um Dich auf alle Eventualitäten vorzubereiten.

1. Checkliste „Auswanderungsland und Voraussetzungen"

Du erfüllst die Grundvoraussetzungen für das Auswandern:

☐ Du erfüllst das geforderte Mindest- / Maximalalter.

☐ Du hast mit deiner Nationalität eine Chance auf das Arbeitsvisum.

☐ Du erfüllst die gesundheitlichen Anforderungen.

Das Wunschland entspricht Deinen Vorstellungen:

☐ Dort herrschen stabile Verhältnisse.

☐ Ein auskömmliches Einkommen ist möglich.

☐ Eine medizinische Versorgung ist dort gewährleistet.

☐ Du kannst Dich ausreichend krankenversichern.

☐ Klima und Natur entsprechen Deinen Vorstellungen.

☐ Die Lebenshaltungskosten entsprechen Deinen Vorstellungen.

☐ Dort gibt es gute Schulen.

☐ Alle Regeln und Lebensweisen sind dir vertraut.

Infrastruktur:

☐ Telefon und Internet sind ausreichend verfügbar.

☐ Fortbewegung ist dort gewährleistet: Nahverkehr, etc.

☐ Stabile Versorgung von Strom und Wasser sind gewährleistet.

Informationen:

☐ Du bist in Blogs, Facebook-Gruppen & Youtube-Vlogs angemeldet.

☐ Termin bei einer Beratungsstelle für Auswanderer.

☐ Urlaub in der neuen potentiellen Heimat.

Notizen zur 1. Checkliste

Du hast ein geeignetes Land gefunden und damit den ersten Grundstein für Deine Auswanderung gelegt. Nun kannst Du die ersten Vorbereitungen treffen, damit Dein Abenteuer beginnen kann.

1. **Besorge alle relevanten Dokumente, welche Du für den Visumantrag bzw. für die Aufenthaltserlaubnis benötigst.**

- Sofern Du ein Visum benötigst, solltest Du dir erstmal das Formular für dessen Beantragung organisieren. In den meisten Fällen werden im Formular alle benötigten Unterlagen aufgelistet.
- Lasse mind. zwei neue Passbilder von dir machen.
- In der Regel wird ein gültiger Reisepass gefordert, welcher auch bei der Einreise noch mindestens drei Monate gültig ist. Verlängere bei Bedarf nochmal Deinen Ausweis und den Reisepass. Darüber hinaus können auch Dokumente wie z. B. das aktuelle Visum (sofern vorhanden), eine beglaubigte Geburtsurkunde, Abschlusszeugnisse, Sprachzertifikate, Führungszeugnis gefordert werden.
- Nachweis einer Kranken- oder Auslandskrankenversicherung. Erkundige dich, ob Deine neue Heimat eine Mindestdeckungssumme vorschreibt.
- Du solltest Deine Dokumente durch einen im Auswanderungsland anerkannten und vereidigten Dolmetscher übersetzen lassen. Hol dir dazu einen Kostenvoranschlag von einem Dienstleister ein. Achte darauf, dass dieser in deinem Auswanderungsland ein akkreditierter Übersetzer ist.

2. *„Jedes Land hat andere Aufenthaltsbedingungen!"*

- Auch wenn der o.g. Satz abgedroschen klingt, ist dieser leider wahr. Erkundige Dich rechtzeitig, welche Dinge Du für die ständige Aufenthaltserlaubnis benötigst. In manchen Ländern wird z. B. eine lokale Adresse für das Visum benötigt. Erkundige Dich bei anderen Auswanderern in den Sozialen-Netzwerken und lass dir Tipps für eine vorübergehende Adresse geben.
- Dies gilt ebenso für die Europäischen Union. Zwar herrscht innerhalb der EU die Niederlassungsfreiheit und die Einreise ist als EU-Bürger somit unproblematisch, aber trotzdem gibt es starke Abweichungen von den einzelnen europäischen Ländern. Wenn man beispielsweise das Schengen-Abkommen betrachtet, welches EU-Bürgern erlaubt von einem EU-

Land in das nächste EU-Land ohne Passkontrolle anzureisen, dann fällt auf, dass dieses je nach Mitgliedsstaat unterschiedlich umgesetzt wird. Neben den EU-Ländern, die die Schengen-Regeln voll umsetzen, gibt es auch EU-Länder, die diese nur teilweise umsetzen, EU-Länder die nur wenige Regeln umsetzen und einige Nicht-EU-Länder, die diese Regeln voll umsetzen. Wie Du siehst, ist selbst die EU ein Flickenteppich was die Schengen-Regelung angeht.

3. Mache Deine Gesundheitschecks rechtzeitig.

- Vereinbare Termine beim Haus- und Zahnarzt, eventuell auch bei Fach-ärzten und deinem Frauenarzt. Aktualisiere Deinen Impfschutz, inklusi-ve die für Dein Wunschland empfohlenen Impfungen. Dein Ziel sollte es sein, möglichst topfit auszuwandern.
- Besorge dir Rezepte und Medikamente, die Du benötigst. Informiere Dich vorab über die Einfuhrbestimmungen deiner neuen Heimat.

4. Bereite die Kündigung all deiner Verträge und Abonnements rechtzei-tig vor.

- Erstelle dir rechtzeitig Kündigungsvorlagen, um zur richtigen Zeit alle Verträge und Abonnements zu kündigen (siehe 1. Kündigungsvorlage). Beispiele: Telefon- und Internetanbieter, Fitnessstudios, GEZ-Rundfunk-beitrag, Stromvertrag, die Versicherungen (z. B. Hausrat) und sonstige Dienstleister.

5. Bereite auch die Kündigung deiner aktuellen Arbeitsstelle vor.

- Kündige rechtzeitig Deinen Job (siehe 2. Kündigungsvorlage). Bereite auch ein Übergabeprotokoll für alle Arbeitsmaterialien vor: Schlüssel, Handy, Laptop, Dienstwagen etc.
- Melde Dich drei Monate vor deinem letzten Arbeitstag arbeitssuchend. Wenn Du die letzten zwei Jahre einen sozialversicherten Beruf nachge-gangen bist, hast Du Anspruch auf Arbeitslosengeld und erhältst ca. 60 % bzw. mit Kind 67 % deines bisherigen Nettogehalts.

6. Kündigung deiner Wohnung.

- Kündige Deine Wohnung rechtzeitig und fordere eine Kündigungsbestätigung an. Als Mieter hast Du in der Regel eine dreimonatige Kündigungsfrist, welche sich nach über fünf Jahren Miete in der gleichen Wohnung auf sechs Monate verlängert. In den größeren Städten ist dies aufgrund der hohen Wohnungsnachfrage wahrscheinlich kein Problem, aber ich würde es nicht darauf ankommen lassen.

7. Was passiert mit deiner Altersvorsorge?

- Vereinbare einen Termin mit der Deutschen Rentenversicherung (DRV) und lasse Dich dort beraten. Da Du wahrscheinlich die letzten Jahre in die DRV eingezahlt hast, solltest Du Dich auch über alle Optionen erkundigen.

- Gleiches gilt auch für Zusatzabsicherungen wie z. B. die Entgeltumwandlung etc.

8. Welche Kreditinstitute und Versicherungen solltest Du behalten?

- Entscheide dich, welche Bankkonten und Sparpläne Du kündigen oder behalten möchtest. Informiere dich, ob die Bankinstitute einen Wohnsitz im Ausland zulassen oder ob dies automatisch zu einer Kündigung führt.

- Gleiches gilt für Deine ganzen Versicherungen, wie Deine Haftpflicht-, Hausrat-, KFZ-, Reise-, Berufsunfähigkeit-, Lebensversicherung, etc. Die meisten Versicherungen kündigen dir, sobald Du Deinen Wohnort ins Ausland verlagerst. Wenn Du ein paar Versicherungen behalten möchtest, erkundige dich, ob Deine Versicherung in deiner neuen Wahlheimat möglicherweise ein Tochterunternehmen hat oder ob der Abschluss einer Anwartschaftsversicherung möglich ist. Eine Anwartschaftsversicherung ermöglicht dir zwar den Wiedereintritt in Deine alte Versicherung, sobald Du wieder in Deutschland bist, aber dafür zahlst Du weiterhin einen Mitgliedsbeitrag ohne eine Leistung in Anspruch nehmen zu können. Genaue Informationen kannst Du beispielsweise auf der Homepage vom Bund der Versicherten entnehmen.

Tipp: Frage nicht Deine Freunde, Familie, Arbeitskollegen etc. ob eine Auswanderung sinnvoll ist. Die meisten Auswanderer machen die Erfahrung, dass Menschen in ihrem direkten sozialen Umfeld, dessen Wunsch häufig nicht nachvollziehen können und ihnen daher von der Auswanderung abraten. Es entspricht nicht der Norm aus der bekannten Umgebung und Alltag auszubrechen. Oft fallen Argumente wie z. B. das Gesundheitssystem ist dort viel schlechter, Du erhältst dort keine Rente, es sei dort generell nicht so gut wie hier, usw. Natürlich sollte man nicht blauäugig an eine Auswanderung ran gehen, aber Tipps und Tricks kannst Du dir auch von anderen Auswanderern z. B. in Facebook-Gruppen holen. Denn dort erhältst Du hilfreiche Unterstützung.

1. Kündigungsvorlage deiner Verträge

Max Auswanderer
Musterstraße 1
12345 Musterstadt

Anbieter / Vermieter / Versicherung
Abteilung
Anschrift
PLZ Ort

Musterstadt, tt.mm.jjjj

Kündigung meines bestehenden Vertrages

Kundennummer: XXXXXX
Vertragsnummer: XXXXXX

Sehr geehrte Damen und Herren,

hiermit möchte ich den mit Ihnen bestehenden Vertrag mit der oben ge-
nannten Nummer zum tt.mm.jjjj fristgerecht kündigen, hilfsweise zum
nächstmöglichen Zeitpunkt.

Bitte sehen Sie von Rückwerbeversuchen ab, da ich zum tt.mm.jjjj in ein anderes Land auswandere.

Die Ihnen erteilte Einzugsermächtigung erlischt automatisch mit dem Ver-
tragsende. Bitte bestätigen Sie mir meine Kündigung schriftlich und teilen
Sie mir das Datum des Vertragsendes in den nächsten Tagen mit.

Vielen Dank und mit freundlichen Grüßen

Name und Unterschrift
Max Auswanderer

2. *Kündigungsvorlage deiner Verträge*

Max Auswanderer
Musterstraße 1
12345 Musterstadt

Arbeitgeber
Anschrift
PLZ Ort

Musterstadt, tt.mm.jjjj

Kündigung des Arbeitsverhältnisses

Sehr geehrte/r Frau/Herr Name,

hiermit kündige ich das mit Ihnen bestehende Arbeitsverhältnis ordentlich und fristgerecht zum tt.mm.jjjj, hilfsweise zum nächstmöglichen Zeitpunkt. Die Gründe für meine Kündigung sind rein privater Natur.

Bitte bestätigen Sie mir den Erhalt dieser Kündigung und das Beendigungsdatum schriftlich.

Darüber hinaus bitte ich Sie, mir ein qualifiziertes berufsförderndes Arbeitszeugnis auszustellen. Bitte gewähren Sie mir meine verbliebenen [XX] Tage meines Jahresurlaubs zum Ende der Kündigungsfrist.

Vielen Dank für die gute Zusammenarbeit und das Vertrauen, das Sie mir geschenkt haben. Ich wünsche Ihnen und dem Unternehmen für die Zukunft nur das Beste.

Mit freundlichen Grüßen

Name und Unterschrift
Max Auswanderer

3. *Übergabeprotokoll*

Max Auswanderer
Musterstraße 1
12345 Musterstadt

Arbeitgeber
Anschrift
PLZ Ort

Musterstadt, tt.mm.jjjj

Auslieferungsprotokoll und Empfangsquittierung

Hiermit bestätigen wir die Übergabe durch Frau/Herrn Name und den Empfang des/der Geräts/Geräte.

Modell: XXXXXXXXXXXXXXXXXXXXXX

Seriennummer: XXXXXXXXXXXXXXX

Weitere Informationen: xxxxx (z. B. Auftragsnummer, Abschlusserklärung, Örtlichkeit)

Die Übergabe erfolgte ordnungsgemäß und anstandslos.

_____

Datum, Unterschrift des Empfängers; Firmenstempel

_____

Datum, Unterschrift der/des Zeugin/Zeugen; Firmenstempel

Notizen zur den Vorlagen

2. Checkliste „Auswanderungsplanung"

Organisiere alle wichtigen Dokumente / Unterlagen

☐ Formular zur Beantragung des Visums

☐ Passbilder (zwei oder mehr)

☐ Verlängerung des Ausweises und des Reisepasses

☐ Beantragung des Kinderreisepasses

☐ Aktuelles Visum (sofern vorhanden)

☐ EU-Heimtierausweis

☐ Beglaubigte Geburts-, Heirats-, Scheidungsurkunde, etc.

☐ Führerschein

☐ Führungszeugnis

☐ Nachweis einer Krankenversicherung

☐ Abschlusszeugnisse / Zertifikate / Arbeitszeugnisse

☐ Kostenvoranschläge zur Übersetzung der Dokumente

Arzttermine und Gesundheitschecks

☐ Impfungen

☐ Zahnarzt: Kontrolltermin & Zahnreinigung

☐ allgemeiner Gesundheitscheck vom Hausarzt

☐ Organisation aller notwendigen Medikamente

Angebot internationaler Versicherungen und Bankkonten

☐ Krankenversicherung

☐ Haftpflichtversicherung

☐ Banken und Kreditkarten

Notizen zur 2. Checkliste

3. Checkliste „Auswanderungsplanung"

Erstellung von Kündigungsvorlagen

☐ Telefon- und Internetanbieter

☐ Hausrat-, Haftpflicht-, Krankenversicherung, etc.

☐ Fitnessstudio und Vereine

☐ GEZ-Rundfunkbeitrag

☐ Strom, Gas und Wasser

☐ Aktuelle Anstellung inkl. Übergabeprotokoll

☐ Kündigung der Wohnung

☐ Sonstige Abonnements und Vereine

☐ Banken und Kreditinstitute

Beratungstermine über Deine Altersvorsorge

☐ Deutsche Rentenversicherung

☐ Sonstige Altersvorsorge wie Metallrente, Riester Rente, etc.

Notizen zur 3. Checkliste

In diesem Kapitel wird die Auswanderung nun endlich greifbar und nimmt Gestalt an. Damit Dein Vorhaben gelingt, solltest Du unbedingt am Ball bleiben und unter Nachdruck die folgenden Punkte anschieben:

1. **Konkretisiere Deine Auswanderung** und lege das Datum deiner Abreise fest. Ohne diese Deadline wird es dir ggf. an Motivation fehlen bis zum Ende engagiert zu bleiben. Erstelle dir eine Roadmap mit allen Punkten, welche als Etappenziele nach einander erreicht werden müssen.

   Tipp: Erledige pro Woche eine kleine Aufgabe und pro Monat eine große Aufgabe, damit Du am Ende nicht unter Stress alles auf einmal erledigen musst. Zudem werden manche Etappenziele länger dauern als geplant.

- Sobald Du Dein Auswanderungsdatum festgelegt hast, kannst Du direkt Deinen Flug buchen und dir dadurch viel Geld und Stress sparen.

2. Falls Du dir nicht schon im Kapitel 2 für das Visum eine (vorübergehende) **Unterkunft / Anschrift im Zielland** gesucht hast, wäre es nun an der Zeit Dich nach einer Wohnung umschauen, in der Du die ersten Monate bzw. das erste Jahr wohnen kannst. Ich würde jedem raten sich die Wohnungen vor Ort anzuschauen.

   *Hinweis: Mehr zur Wohnungssuche erfährst Du im **Kapitel 6 „Wohnsitz".***

3. Vergleiche die **Angebote**, welche Du von den **privaten & internationalen Krankenversicherungen** erhalten hast und finde heraus, welche gesetzlichen Optionen oder Pflichtversicherungen es vor Ort gibt.

   *Hinweis: Einen Fragenkatalog zur Prüfung des Leistungsumfanges findest Du in der **5. Checkliste „Leistungen der Krankenversicherung".***

- **Umzug innerhalb der Europäischen Union:** Hast Du bisher innerhalb der EU in eine gesetzliche Krankenversicherung eingezahlt und zahlst zukünftig weiterhin in einem anderen EU-Land in diese ein, erhältst Du die europäische Krankenversicherungskarte EHIC und kannst europaweit medizinische Leistungen erhalten. Die **EHIC (European-Health-Insurance-Card)** gilt in allen Ländern der EU sowie einigen weiteren europäischen Staaten. Hole dir vor der Auswanderung mit dem europäischen

Formular E104 die Bestätigung, dass Du bereits in das deutsche Sozialsystem eingezahlt hast. Damit steht dir die Karte sofort zur Verfügung und Du erhältst zusätzlich die European Medical Card.

- **Private (internationale) Krankenversicherung:** Beachte, dass die private Krankenversicherung Deine Vorerkrankungen in der Regel aus dem Leistungsumfang ausschließen oder dafür Zusatzgebühren verlangen.

- **Rückkehr nach Deutschland:** Die gesetzlichen Krankenversicherungen in Deutschland müssen Dich nach deiner Rückkehr aus dem Ausland gemäß der in Deutschland geltenden Auffangversicherungspflicht wieder aufnehmen, sofern Du zuletzt gesetzlich versichert warst. Bewahre die Policen deiner Auslands- / Krankenvollversicherung unbedingt auf, da die Krankenversicherungen sich meistens gegen Deine Wiederaufnahme wehren und einen Versicherungsnachweis für Abwesenheit haben möchten.

4. Lasse dir **beglaubigte Übersetzungen von persönlichen Dokumenten** mit Hilfe deiner bereits eingeholten Kostenvoranschläge anfertigen. Erkundige dich, welche Dokumente Du unbedingt von einem akkreditierten Übersetzer übersetzen lassen solltest. Da die Übersetzung einiges kosten wird, würde ich nicht alle Dokumente übersetzen lassen.

5. Sofern es möglich ist, solltest Du Dich bereits auf **Arbeitsstellen in der neuen Heimat** bewerben. Ob Du Dich erst im Ausland bewerben solltest oder erst nachdem Du in deiner neuen Heimat bist, ist je nach Land unterschiedlich. Generell kann man aber sagen, dass kein Land für Dich aufkommen möchte und daher einen Nachweis über Deine finanzielle Absicherung fordern wird. Da das Thema Bewerbungen sehr umfangreich ist und dieses Buch sprengen wird, solltest Du Dich speziell über das Bewerbungsprozedere in deiner neuen Wahlheimat erkundigen.

6. **Trenne Dich von unnötigen materiellen Sachen** und miste aus was Du nicht benötigst. Der Transport von Möbeln ist meistens unglaublich teuer und steht oft nicht im Verhältnis zu dem Wert. Zudem sind die Wohnungen in vielen anderen Länder bereits möbliert.

- Solltest Du dennoch einige Sachen behalten wollen, informiere Dich über die Einfuhrbestimmungen deines Wunschlandes. Du kannst zum Beispiel Blumensamen oder bestimmte Hölzer nicht überall mit hinnehmen. Einige andere Dinge können in deiner Wahlheimat ggf. illegal sein.
- Viele Länder haben abweichende Steckertypen und Netzspannungen, daher ist es nicht immer sinnvoll alle Elektrogeräte mitzunehmen. Erkundige Dich über die Netzspannung und die Steckdosen / Steckertypen in der neuen Heimat. Kaufe dir Reisestecker, beachte aber, dass Du damit nicht jedes Gerät betreiben kannst.

  Kleine Info am Rande: In Europa ist eine einheitliche Netzspannung von 230 Volt.

- Lasse Deine Haustiere impfen und sich bereits im Vorfeld an die Transportbox gewöhnen.
- Entscheide, ob Du Dein Auto behalten oder verkaufen möchtest. Die Ausfuhr des eigenen Autos ins Ausland ist oft mit beachtlichen Kosten und einem hohen Aufwand verbunden. Ich würde eher davon abraten, da die Neuanschaffung eines Autos in der Wahlheimat meistens den Wert des aktuellen Autos übersteigen.
- Wenn nötig, beauftrage eine internationale Spedition mit dem Umzug deiner Möbel und informiere dich, was diese für Dich mitnehmen und wie Du alles verpacken solltest.

7. **Kündige Deine aktuelle Arbeitsstelle** mit Hilfe deiner Kündigungsvorlage. Melde Dich drei Monate vor Ende des Arbeitsverhältnisses arbeitslos und beantrage gleichzeitig Arbeitslosengeld. Bei Unterschreitung der drei Monate solltest Du Dich innerhalb von drei Tagen arbeitslos melden.

- Informiere Deine Krankenversicherung unverzüglich über Deine bevorstehende Arbeitslosigkeit.
- Beachte, dass Dich die Bundesagentur für Arbeit bis zu zwölf Wochen für das Arbeitslosengeld sperren wird, wenn Du Deine Stelle selbst gekündigt hast.

8. **Beantrage dir einen internationalen Führerschein.** Dieses zusätzliche Dokument übersetzt Deinen Führerschein in den wichtigsten Sprachen,

welches die Anerkennung deines nationalen Führerscheins z. B. bei Verkehrskontrollen erleichtert.

- Der internationale Führerschein ist nur für eine begrenzte Zeit gültig, aber auch der deutsche oder der österreichische Führerschein ist außerhalb der Europäischen Union ggf. nur drei Monate gültig.

9. **Eröffne ein Bankkonto in deiner neuen Heimat** bzw. ein internationales Bankkonto auf das Du auch von deinem neuen Land zugreifen kannst. Informiere dich, ob dieses Bankkonto im Fall einer Krise Sicherheiten bietet.

- Überweise Geld auf Dein neues ausländisches Bankkonto. Achte darauf, dass Du beim Transfer mit hohen Geldbeträgen ins Ausland Meldung machen musst. Wenn Du z. B. in Deutschland wohnst, musst Du bei einer Überweisung von mehr als 12.500 € auf einmal dies der Bundesbank melden. Zudem werden beim Banktransfer ins Ausland beträchtliche Gebühren anfallen. Mit Unternehmen wie „Transferwise", „Bye Bye Bank Fees" oder „Hello World" kannst Du Deine Kosten verhältnismäßig gering halten.
- Kündige final Deine unnötigen nationalen Bankkonten.

10. **Stelle rechtzeitig einen Nachsendeantrag** bei der Post an eine inländische Referenzadresse (z. B. die Adresse deiner Eltern).

11. **Besuche Verwandte, Freunde und Orte**, die dir wichtig sind. Ich habe beispielsweise den Besuch meiner Familie und Freunde immer mit Städtetrips verbunden, wo ich immer mal hinwollte.
   *Hinweis: Am Ende des Kapitels hast Du die Möglichkeit Deine ganz persönliche **„Bucketlist"** zu erstellen.*

Nutze die Bucketlist,
solange Du noch in der alten Heimat bist!

4. Checkliste „Die Hälfte ist geschafft!"

Erstelle dir eine Roadmap mit allen Deadlines

☐ Buche Deine finale Reise in Deine Wahlheimat.

☐ Suche dir eine vorübergehende Unterbringung (siehe Kapitel 6).

☐ Beglaubige und übersetze Deine Dokumente.

☐ Bewerbe Dich auf Arbeitsstellen in dem neuen Land.

☐ Kündige Deine aktuelle Stelle.

☐ Melde Dich arbeitslos und beantrage Arbeitslosengeld.

☐ Informiere Deine Krankenkasse über Deine Arbeitslosigkeit.

☐ Beantrage einen internationalen Führerschein.

☐ Eröffne ein internationales Bankkonto.

☐ Transferiere Geld auf Dein neues Bankkonto.

☐ Beantrage einen Nachsendeantrag zu deiner Referenzadresse.

☐ Erstelle eine eigene Bucketlist und terminiere alle Punkte.

☐ Lerne / vertiefe die Landessprache deiner neuen Heimat.

Möbel und andere materielle Sachen

☐ Verkaufe alle unnötigen Sachen.

☐ Verschenke Sachen an Deine Familie und Freunde z. B. Bücher.

☐ Gebe einige Dinge an sozialen Initiativen ab.

☐ Beantrage Sperrmüll für alles, was Du nicht loswirst.

☐ Melde für deinem Flug vorab Übergepäck an.

☐ Schicke dir selber kleine Pakete in die neue Heimat.

☐ Beauftrage eine internationale Spedition / Überseecontainer.

Notizen zur 4. Checkliste

5. Checkliste „Die Hälfte ist geschafft!"

Leistungen der Krankenversicherung

☐ Sind ambulante, teilstationäre und stationäre Behandlungen und Leistungen wie Zahnarztbehandlungen abgedeckt?

☐ Wie hoch ist die Mindestdeckungssumme pro Versicherungsjahr?

☐ Ist der Krankenwagentransport inklusive oder exklusive?

☐ Werden Krankenrücktransporte bezahlt?

☐ Ist der Urlaub im Ausland ebenfalls abgesichert?

☐ Welche Vorerkrankungen sind ausgeschlossen?

☐ Wie hoch ist Dein Selbstbehalt und Dein Eigenanteil?

☐ Besteht eine freie Arztwahl?

☐ Ist die Versicherung jeder Zeit per Telefon und E-Mail erreichbar? (7 Tage / 24 Stunden und an Feiertagen)

☐ In welchen Sprachen ist die Kommunikation mit der Versicherung möglich?

☐ Wie kannst Du Deine Arztrechnungen einreichen? Ist digital und / oder per Post möglich?

☐ Welche Länder sind durch das Leistungspaket abgesichert bzw. ausgeschlossen. Wie verändern sich die Kosten, wenn Du zusätzliche Leistungen absichern möchtest?

Notizen zur 5. Checkliste

Bucketlist

Bucketlist

Der Tag der Auswanderung ist greifbar nah. Du hast es bald geschafft! Nun musst Du Dich noch überall abmelden, alles kündigen, Deine Sachen packen und wichtige Dokumente zusammenstellen:

1. Der wohl größte Meilenstein ist die **Abmeldung beim Einwohnermeldeamt.** Sobald Du Dich aus Deutschland abgemeldet hast, kannst Du mit Hilfe der Abmeldung Deine Krankenversicherung und andere Verträge kündigen.

   - Melde Dich nun bei der Agentur für Arbeit ab.
   - Informiere das Finanzamt und die deutsche Rentenversicherung.

2. Leider lassen sich viele **Behördenangelegenheiten** in der alten Heimat sich nur vor Ort klären. Damit Du nicht immer zurückreisen musst, solltest Du einer nahestehenden Person z. B. Deinen Eltern eine **Vollmacht** ausstellen. Dadurch können diese in deiner Abwesenheit und in deinem Namen Deine Post bearbeiten oder Vermögens-, Steuer- und Rechtsangelegenheiten für Dich klären. Frage bei deiner Bank nach, ob sie Deine handschriftliche Vollmacht akzeptieren. Gegebenenfalls musst Du bei jedem Finanzinstitut einen gesonderten Antrag zur Bevollmächtigung stellen.

3. Wenn Du mit deinem Partner/in auswanderst, wäre es sinnvoll diese zu bevollmächtigen, da ihr ggf. alleine im Ausland seid. Darüber hinaus solltest Du eine **Patientenverfügung** erstellen. Vorlagen dazu findest Du z. B. auf der deutschen Homepage des Maltesers.

4. Vereinbare einen **Termin für die Wohnungsübergabe.** Mache die Wohnung sauber und beseitige mögliche Schäden, damit Du Deine Kaution wiederbekommst. Organisiere dir rechtzeitig eine vorübergehende Unterkunft bis zur Auswanderung z. B. bei Freunden oder deiner Familie.

5. Bereite **Deine Steuerklärung** vor, um steuerlich sauber auswandern zu können. Ich würde dir empfehlen, einen Steuerberater dafür zu beauftragen. Achte auch darauf, dass Du keinen separaten Wohnsitz in der alten Heimat unterhältst. Es wäre möglich, dass das Finanzamt Dein im-

mer noch freies und eingerichtetes Kinderzimmer als Wohnsitz ansieht und Dich weiterhin in die Steuerpflicht nehmen wird.

Tipp: Ein idealer Zeitpunkt für eine Steuererklärung ist in der Regel der Jahreswechsel, da dies aus steuerlicher Sicht ein sauberer Schnitt ist.

6. Liste all Deine **regelmäßigen finanziellen Verpflichtungen und Briefe** auf, welche Du noch erwartest. Schließlich möchtest Du ja keine offenen Forderungen gegenüber dir haben. Prüfe gleichzeitig, welche Dienstleistung Du behalten möchtest. Für mich waren z. B. gewisse Lizenzen wie z. B. Microsoft Office wichtig. *Beachte die beigefügte Liste für Deine finanziellen Verpflichtungen.*

7. Erstelle **Kopien deiner wichtigsten Dokumente** in digitaler und Papierform. Kopien ersetzen zwar keine Originale, helfen aber bei Verlust der Dokumente ungemein.

   - Hinterlege Kopien der wichtigsten Dokumente z. B. bei Deinen Eltern.
   - Lasse Deinen deutschen Lebenslauf übersetzen und dir einen internationalen Lebenslauf ausstellen.
   - Lagere wichtige Dokumente z. B. bei Deinen Eltern ein und scanne diese vorher ein.
   - Lasse wichtige Dokumente beglaubigt übersetzen: Zeugnisse/Gesellen-/Meisterbriefe und Heirats-/Scheidungs/Geburtsurkunde.

   Tipp: Du kannst Deine Dokumente sicher in einer Cloud ablegen und von überall aus der Welt auf Deine Unterlagen zugreifen. Ich persönlich nutze Dropbox, aber es gibt unzählige andere Cloud-Anbieter die Du nutzen kannst.

8. **Packe Deinen Koffer für Deine Abreise.** Nimm alles mit was Du unmittelbar in deiner neuen Heimat benötigst. Du kannst dir den Rest nachschicken lassen den Rest nachschicken und / oder hol diesen bei Deinen regelmäßigen Besuchen der alten Hei-mat Stück für Stück mit. *Beachte die beigefügte Paketliste.*

9. **Verabschiede Dich von deiner Familie und Freunden** ggf. mit einer kleinen Party. Wozu eine Abschiedsparty veranstalten, wenn der Abschied, der Neuanfang oder das Zurücklassen im Vordergrund stehen? Grundsätzlich fällt Abschied nehmen keinem leicht, doch gerade bei einer perfekten Abschiedsparty kann man das Traurige mit dem Freudigen verbinden und etwas Schönes aus der Situation zaubern.

   *Hinweis: Beachte den beigefügten **Eventplaner**.*

Notizen zu Leuten die Du verabschieden möchtest

6. *Checkliste „Der Endspurt"*

Abmeldung aus deinem Land

☐ Melde Dich beim Einwohnermeldeamt ab.

☐ Melde Dich bei der Agentur für Arbeit ab.

☐ Informiere das Finanzamt über die Abmeldung.

☐ Informiere die Rentenversicherung über die Abmeldung.

☐ Informiere Deine Krankenversicherung über die Abmeldung.

Vollmacht und Patientenverfügung

☐ Stelle Angehörigen eine Vollmacht aus.

☐ Stelle deinem Lebensgefährten eine Vollmacht aus.

☐ Stelle eine Patientenverfügung aus.

Wohnungsübergabe und vorübergehende Unterkunft

☐ Säubere Deine Wohnung.

☐ Beseitige mögliche Schäden.

☐ Notiere die Zählerstände für Strom, Wasser und Gas.

☐ Vereinbare einen Termin zur Wohnungsübergabe.

☐ Organisiere dir eine vorübergehende Unterkunft.

Steuererklärung und sonstige Verpflichtungen

☐ Reiche Deine Steuererklärung ein ggf. mit Hilfe deines Beraters.

☐ Erstelle eine Liste mit allen finanziellen Verpflichtungen.

☐ Erstelle eine Liste mit allen Briefen, die Du erwartest.

☐ Erstelle Kopien und Scans aller wichtigen Dokumente.

Notizen zur 6. Checkliste

1. Generalvollmacht Beispiel

Max Auswanderer
Musterstraße 1
12345 Musterstadt

Person des Vertrauens
Anschrift
PLZ Ort

Musterstadt, tt.mm.jjjj

Generalvollmacht

Ich, der unterzeichnete Herr Max Auswanderer, geboren am tt.mm.jjjj, wohnhaft Musterstraße 1 in Musterstadt

erteile hiermit

Frau Tanja Co-Auswanderer **oder** Frau Mama Heimat, geboren am tt.mm.jjjj, wohnhaft Musterstraße 2 in Musterstadt,

Generalvollmacht.

Die Bevollmächtigte ist berechtigt, sämtliche Angelegenheiten für mich wahrzunehmen. Sie ist befugt, für mich in gesetzlicher Weise ohne Einschränkung jede rechtlich relevante Handlung vorzunehmen, die von mir und mir gegenüber nach dem Gesetz vorgenommen werden kann, und zwar mit derselben Wirkung, wie wenn ich selbst gehandelt hätte.

Die Vollmacht umfasst das Recht, insbesondere:

* mich gegenüber Gerichten, Behörden, sonstigen öffentlichen Stellen und Privatpersonen gerichtlich wie außergerichtlich zu vertreten sowie alle Prozesshandlungen für mich vorzunehmen;
* bewegliche Sachen, Grundstücke und Rechte für mich zu erwerben oder

zu veräußern;

- Zahlungen oder Wertgegenstände für mich anzunehmen, zu quittieren oder Zahlungen vorzunehmen;
- dingliche Rechte jeglicher Art an Grundstücken oder anderen Rechten zu bestellen, zu übertragen, zu kündigen oder aufzugeben;
- mich in Nachlassangelegenheiten umfänglich zu vertreten, Kündigungen von Todes wegen anzufechten oder anzuerkennen, Erbschaften anzunehmen oder auszuschlagen sowie alle Handlungen vorzunehmen, die zur vollständigen Regelung von Nachlässen und zur Teilung erforderlich oder förderlich sind.

Die Vollmacht schließt die Befreiung der Bevollmächtigten von den Beschränkungen des § 181 BGB ein.

Die Bevollmächtigte ist ferner berechtigt, im Einzelfall Untervollmacht zu erteilen.

Diese Vollmacht gilt über meinen Tod hinaus. Die Vollmacht kann jederzeit von mir oder nach meinem Ableben von meinen Erben widerrufen werden.

_____

Datum, Unterschrift

Max Auswanderer

Finanzielle Verpflichtungen & erwartete Briefe

Datum	Art	Text	Betrag / Brief

Notizen zur finanzielle Verpflichtungen & erw. Briefe

Packliste

Finanzen

- [ ] EC-Karte
- [ ] Kreditkarte
- [ ] Bargeld / Währung
- [ ] Bank-Kontaktdaten
- [ ] Geldbörse
- [ ]
- [ ]
- [ ]

Ausweise

- [ ] Personalausweis
- [ ] Reisepass
- [ ] Führerschein
- [ ] Krankenkassenkarte
- [ ] Impfpass
- [ ]
- [ ]
- [ ]

Unterlagen

- [ ] Dokumentenmappe
- [ ] Zug- / Flugticket
- [ ] Reservierungen
- [ ] Visum
- [ ] Karten
- [ ] Reiseführer
- [ ] Notfallkontakte
- [ ]
- [ ]
- [ ]

Hygieneartikel

- [ ] Zip-Beutel (Flugzeug)
- [ ] Kulturbeutel
- [ ] Duschzeug
- [ ] Rasierer
- [ ] Deo
- [ ] Zahnpflege
- [ ] Pflegecremes
- [ ] Sonnenschutz
- [ ] Wattepads- / Stäbchen
- [ ] Bürste / Kamm
- [ ] Handwaschmittel
- [ ] Verhüttungsmittel
- [ ] Taschentücher
- [ ]
- [ ]
- [ ]

Optionale Utensilien

- [ ] Haargummi
- [ ] Ab- u. Schminke
- [ ] Damenhygieneartikel
- [ ] Kontaktlinsen
- [ ] Nagelpflege
- [ ] Taschentücher
- [ ]
- [ ]
- [ ]

Reiseapotheke

- [ ] Pers. Medikamente
- [ ] Wund- u. Blasenpflaster
- [ ] Schmerz- / Fiebermittel
- [ ] Magendarmmittel
- [ ] Allergiemittel
- [ ] Wundsalbe
- [ ] Mückenschutz
- [ ] Kaugummi (Flug)
- [ ]
- [ ]
- [ ]

Technik und Zubehör

- [ ] Handy u. Powerbank
- [ ] Ladekabel
- [ ] Kopfhörer
- [ ] Steckdosenadapter
- [ ] Kamera u. Zubehör
- [ ] Laptop / Tablet
- [ ] E-Book-Reader
- [ ] Prepaidkarte
- [ ]
- [ ]

meine Packliste

Kleidung	**Sonstiges**	**Individuell**
☐ Shorts	☐ Bade- u. Strandtuch	☐
☐ Kleider u. Röcke	☐ Badetasche/ Beutel	☐
☐ T-Shirts / Tops	☐ Wasserdichtes Dry Bag	☐
☐ lange Hose	☐ Regenschirm	☐
☐ Pullover / Strickjacke	☐ Oropax	☐
☐ Jacken	☐ Schlafmaske	☐
☐ Unterwäsche	☐ Nackenkissen	☐
☐ Socken	☐ Auffüllbare Flaschen	☐
☐ Ausgehkleidung	☐ Zahlenschloss (Gepäck)	☐
☐ Schlafanzug	☐ Brille und Sonnenbrille	☐
☐ Sportbekleidung	☐ Gürtel	☐
☐ Badebekleidung	☐ Hut / Mütze	☐
☐ Feste Schuhe	☐ Schal / Tuch	☐
☐ Offene Schuhe	☐ Nagelpflege	☐
☐ Ausgehschuhe	☐	☐
☐	☐	☐
☐		☐
☐		☐

Wichtiges

☐
☐

Spezial

☐
☐
☐
☐
☐
☐
☐

☐
☐
☐
☐
☐
☐

Für Unterwegs

☐ Bücher
☐ Zeitschriften
☐
☐
☐
☐
☐
☐

Party Planning *Checklist* ABSCHIEDS

Erste Planungsschritte

Tipp: Plane ca. sechs Wochen oder mehr für die Abschiedspartyvorbereitungen ein. Schiebe es nicht ganz hinten raus, da die Event-Vorbereitungen sich ggf. mit der Auswanderungsparty kollidiert.

Entscheide über folgende Punkte:

○ Datum:

○ Art der Party:

○ Thema:

○ Veranstaltungsort:

○ Gästeliste:

○ Budget:

Externen Dienstleistungen:

○ Caterer:

○ Barkeeper:

○ Servicekräfte:

○ Unterhaltung:

○ Reinigung:

○ Dekorateur:

○ Anreisemöglichkeiten:

Essen & Trinken

○ **Essen:** Wenn Du selbst Essen zubereitest, organisiere dir Rezepte und stell dir eine Liste der Zutaten zusammen, welche zu besorgen sind. Falls jeder etwas mitbringen soll (Potlack-Party), stimme Dich mit allen ab was bzw. lass die Partygäste untereinander z. B. in einer Whatsapp-Gruppe abstimmen.

○ **Zeitplan:** Erstelle einen Zeitplan für die Vorbereitung der Speisen, die Du machst, damit diese rechtzeitig zubereitet werden. Ggf. ist einfrieren möglich.

○ **Besorge** Tischdecken, Geschirr, Gläser, Besteck, Stühle, Tische und Servierplatten, etc. Organisiere alles, was Du nicht hast (leihen oder mieten).

○ **Kaufe** Wein, Bier, Spirituosen, Knabberzeug und Dekorationen.

○ **Tipp:** Baue ein Buffet an einem extra Tisch auf, damit alle Gäste an den restlichen Tischen genug Platz haben.

Noch eine Woche

○ **Gästeliste:** Erstelle eine Liste mit allen Gästen, die noch nicht geantwortet haben und schicke diesen eine Erinnerung.

○ **Miete:** Bestätige alle Mietreservierungen (Ort / Möbel etc.).

○ **Zubereitungen:** Bereite alle Speisen vor, welche frisch sein sollen, aber ggf. ziehen müssen wie z. B. Kartoffelsalate.

○ **Einkäufe:** Gehe nochmal die Liste für alle Besorgungen durch und erstelle daraus eine Einkaufsliste für alle Dinge, die kurz vorher besorgt werden müssen: Lebensmitteln, Getränken, usw.

Noch zwei Tage

○ **Speisen vorbereiten:** Lege alle tiefgefrorenen Lebensmittel zum Auftauen in den Kühlschrank.

○ **Aktivitäten:** Überlege dir Aktivitäten wie z. B. Spiele, Erinnerungen in Form von einer Fotowand oder Abschiedstagebuch, Gabentisch...

○ **Grobe Vorbereitungen:** Sofern erforderlich, bereite die Partymöbel, Geschirr, usw. so weit wie es geht vor. Reinigen der Möbel, bügeln der Tischdecken, Geschirr waschen, Gläser und Besteck polieren, etc.

Noch einen Tag

○ **Einkäufe:** Kaufe die letzten Sachen ein.

○ **Letzte Zubereitungen:** Bereite die letzten Speisen zu.

○ **Feinschliff:** Decke die Tische und stell die großen Dekorationen auf.

Last-Minute

○ **Noch wenige Handgriffe:** Finalisiere die Einrichtung des Buffets, der Bar, der Tische und Stühle, die Aktivitäten z. B. Fotowand mit Polaroid-Kamera, Gabentisch usw.

○ **Last-Minute Schritt:** Stell die letzten Dekorationen z. B. Blumen auf.

○ **Stilles aber voll ausgestattetes Örtchen:** Achte darauf, dass das Badezimmer sauber und mit Handtüchern und Toilettenpapier ausgestattet ist.

○ **DIE GETRÄNKE! ;)** Stelle ca. vier Stunden vor der Party die Softdrinks, das Bier, den Sekt und den Wein kalt.

Party
Planning *ABSCHIEDS Checklist*

Das sind die ersten großen und kleinen Schritte in deiner neuen Heimat. Auch wenn noch gefühlt tausende Aufgaben zu erledigen sind, solltest Du Dich nicht verrückt machen. Sei stolz auf dich, dass Du es so weit geschafft hast.

1. **Der Tag der Abreise:**
   Plane Deine Anreise zum Flughafen, so dass Du ca. 2-3 Stunden vor Abflug am Flughafen bist. Je nachdem wohin Du fliegst, dauern die Kontrollen dementsprechend.

2. **Die Ankunft:**
   Sobald Du gelandet bist, stecke dir erstmal kleine Ziele. Die großen Stepps kannst Du ohne die kleinen nur schwer erledigen:

- Abholung des Mietwagens.
- Check-In: Hotel, Ferienwohnung, Apartment, etc.
- Lasse deiner Familie und Deinen Freunden, sowie ggf. das Umzugsunternehmen wissen, dass Du gut angekommen bist.
- Erhole Dich von dem Jetlag und lasse die neue Umgebung auf Dich wirken.
- Mache erstmal ein paar Tage Pause und komme erstmal an, bevor Du Vollgas gibst.

3. Die neue Umgebung:

Erkunde Deine neue Nachbarschaft und Deine Umgebung. Es gibt viel zu entdecken. Schau dir die Gegend deiner Arbeit, die zukünftige Schule deiner Kinder und die Einkaufsmöglichkeiten an.

4. Mobilität in der neuen Heimat:

Bleibe mobil und flexibel, schaue wie der öffentliche Nahverkehr ausgebaut ist oder ob der Leihwagen im ersten Monat sinnvoller ist. Möglicherweise ist ein eigenes Auto günstiger oder zuverlässiger als alles andere.

5. Erreichbarkeit – Internet und Telefon:

Auch in der neuen Heimat wirst Du höchst wahrscheinlich wieder schnell Internet und Telefon haben wollen, gerade wenn Du selbstständig bist. Informiere Dich über die Anbieter und prüfe, ob eine vernünftige Verbindung auch für Deinen Wohnort verfügbar ist.

6. Behördengänge:

Auch in deiner Heimat geht es mit der Bürokratie mehr oder weniger weiter.

- Melde Dich in deiner neuen Heimat an.
- Beantrage neue Dokumente und Ausweise wie den Führerschein.
- Beantrage eine Steuer- und Sozialversicherungsnummer.

7. Eröffnung eines Bankkontos:

Oft ist es erst möglich ein Bankkonto zu eröffnen, wenn Du in deinem neuen Wunschland gemeldet bist, einen Job und eine Steuernummer hast.

8. Regelmäßiges Einkommen:

Egal wie viel Startkapital Du gespart hast, kümmere Dich zeitnah um eine neue Arbeitsstelle, sofern Du Dich nicht schon erfolgreich beworben hast. Mache es dir erst gar nicht zur Gewohnheit, Dein erspartes Geld auszugeben ohne neue Einnahmen zu haben. Wenn Dein erspartes Geld erstmal weg ist, wird die Jobsuche sehr viel stressiger. Dann wir nämlich

die Zeit gegen Dich arbeiten und Du musst ggf. irgenDeinen Job an-
nehmen, mit dem Du nicht zufrieden bist. Außerdem wird dir das Geld
an anderweitiger Stelle fehlen. Gerade zu Beginn ist im neuen Job eine
Unterstützung sehr hilfreich. Bringe in Erfahrung, ob der Arbeitgeber
jemand in der neuen Heimat unterstützt oder ob es dort andere ausge-
wanderte Kollegen gibt, die dir Tipps geben können.

Ein gute Job im Ausland, kann Dein größter
Motivator sein!

Notizen zur neuen Heimat

7. Checkliste „Willkommen in deiner neuen Heimat"

Vortag der Anreise zum Flughafen

☐ Drucke Deine Tickets aus & fotografiere diese mit dem Handy ab.

☐ Stell dir Deinen Wecker mit genügend Puffer.

☐ Lege dir alle Klamotten für den nächsten Tag raus.

☐ Bereite Dein Frühstück und Deine Verpflegung vor.

Ankunft in der neuen Heimat

☐ Organisiere dir eine Transportmöglichkeit zur Unterkunft.

☐ Checke in deiner Unterkunft ein.

☐ Informiere Familie / Freunde / Umzugsunternehmen.

☐ Hol dir eine Prepaidkarte.

Erkunde Deine neue Umgebung

☐ Unmittelbare Umgebung erkundet.

☐ Transportmöglichkeiten erkundet.

☐ Einkaufsmöglichkeiten erkundet.

☐ Zukünftige Schule deiner Kinder erkundet.

☐ Weg zur Arbeitsstelle erkundet.

Internet und Telefon

☐ Angebote von Anbieter eingeholt.

☐ Leistung / stabile Verbindung ist am Wohnort möglich?

☐ Vertragsabschluss mit dem Telefon- und Internetanbieter.

Notizen zur 7. Checkliste

8. Checkliste „Willkommen in deiner neuen Heimat"

Behördengänge

☐ Anmeldung in der neuen Heimat.

☐ Beantragung von Dokumenten z. B. Führerschein.

☐ Beantragung von Steuer- und Sozialversicherungsnummer.

Eröffnung eines Bankkontos (optional)

☐ Angebote von Banken und Kreditinstituten eingeholt.

☐ Kosten und Leistung verglichen.

☐ Bankkonto eröffnet.

Regelmäßiges Einkommen

☐ Ermittle Deine monatlichen Lebenshaltungskosten.

☐ Wie lange hält das Ersparte? Erstelle Deine Budgetplanung!

☐ Liste mit möglichen Arbeitgebern erstellt.

☐ Informationen zum richtigen Bewerben gesammelt?

☐ Unterlagen aktualisiert: Anschreiben, Lebenslauf, etc.

Notizen zur 8. Checkliste

Um wirklich in der neuen Heimat sesshaft zu werden, muss man einen Wohnort finden, in dem man sich richtig wohlfühlt. Die vorübergehende Bleibe ist
zwar hilfreich, aber so richtig angekommen ist man im Auswanderungsland
nicht:

1. Wohnungssuche:

Ist es sinnvoll die Wohnung selber über Online-Portale zu suchen oder
einen Makler zu beauftragen? Dies ist tatsächlich von Land zu Land
unterschiedlich, informiere Dich daher vorab über folgende Punkte:

- Welche Online-Portale gibt es?
- Wie hoch sind die Mieten in deiner Umgebung?
- Muss die Miete im Voraus für das ganze Jahr bezahlt werden oder mo-
natlich?
- Wie hoch ist die Kaution?
- Wer zahlt den Makler?
- Wie ist der Ablauf einer Wohnungsbesichtigung?

2. Achte bei der Wohnungsbesichtigung auf folgende Punkte:

- Hat die Wohnung eine Klimaanlage?
- Im Ausland sind die Wohnungen nicht so solide gebaut wie in Zentral-
europa. Prüfe, ob Fenster und Türen gut und vollständig schließen. Kon-
trolliere auch, ob die Fenster einfach- oder doppelverglast sind.
- Sind Heizungen vorhanden? Gerade in warmen Gebieten sind Zentral-
heizungen eine Seltenheit. In vielen älteren Wohnungen sind, wenn
überhaupt, Elektro-Heizlüfter oder Gasheizkörper installiert.
- Ist das Lüften der Wohnung möglich?
- Ist ein Parkplatz und ein Kellerabteil vorhanden?
- Gibt es Mängel in der Wohnung? Lass dir vom Vermieter bzw. Makler
schriftlich bestätigen, wann und wie diese beseitigt werden, bevor Du
den Mietvertrag unterschreibst.
- Wie ist die Lautstärke in der Umgebung?

3. So sichere ich mir eine Wohnung:

- Gebe ganz genau an, welche Personen mit dir in der Wohnung leben
werden.

- Nenne Personen und Arbeitskollegen oder Vorgesetzte, die bestätigen können, dass Du ein zuverlässiger Mieter bist.
- Nenne einheimische Kontakte bei den sich der Vermieter oder Makler erkundigen kann. Frage beispielsweise den Eigentümer deiner Airbnb-Wohnung oder den Vermieter / Mitmieter deiner vorübergehenden Wohnung, ob Du diese als Referenzen angeben darfst.
- Habe Dokumente zur Hand, die all Deine Angaben bestätigen: zum Beispiel Deinen Reisepass, Deine aktuelle Gehaltsabrechnung, Deinen Arbeitsvertrag und einen aktuellen Kontoauszug. Füge Deinen letzten übersetzten Mietvertrag aus deiner alten Heimat und mehrere Konto-auszüge bei, um zu belegen, dass Du regelmäßig Miete gezahlt hast.
- Einige Vermieter möchten gerne prüfen, ob Du ein zuverlässiger Mieter warst. Nenne die Kontaktdaten von deinem Vermieter aus der alten Hei-mat oder lege eine schriftliche Erklärung bei.
- Beschreibe, warum die Wohnung perfekt zu dir passt, was dir genau daran gefällt und wieso Du der geeignetste Mieter bist.

1. *Checkliste „Wohnungssitz"*

Wohungscheckliste für das Objekt: .... **Datum:** ....

Lage der Wohnung: ○ Zentral ○ Randbezirk ○ Ländlich

Mietkosten: Im Monat: .... Im Jahr: ....

Nachlass möglich: ○ Nein ○ Ja Wenn: ....

Kautionshöhe: ....

Wer zahlt den Makler: ○ Vermieter ○ Mieter Kosten: ....

Nebenkosten: ○ Vermieter ○ Mieter Kosten: ....

Objekt klimatisiert: ○ Heizung ○ Klimaanlage ○ Nein

Objekt isoliert: ○ Nein ○ Ja Mangel: ....

Zustand Fenster: ○ Zu öffnen ○ Isoliert ○ Siehe Notiz

Stellplatz für das Auto: ○ Nein ○ Draußen ○ Garage

Keller vorhanden: ○ Nein ○ Ja ○ Siehe Notiz

Mängel vorhanden: ○ Nein ○ Ja ○ Siehe Notiz

Lautstärke? ○ Nein: ○ Im Haus ○ Von Draußen

Objekt möbliert: ○ Nein ○ Ja ○ Teilweise

Küche vorhanden: ○ Nein ○ Ja ○ Teilweise

Waschraum: ○ Badewanne ○ Dusche ○ WC separat

Geruchsbelästigung: ○ Nein ○ Ja ○ Siehe Notiz

Wohnung zu Dunkel: ○ Nein ○ Ja ○ Siehe Notiz

Anzahl der Räume: ○ Eins ○ Zwei ○ Drei Anzahl: ....

Haustiere erlaubt: ○ Nein ○ Ja ○ Siehe Notiz

Besonderheiten: ○ Garten ○ Balkon ○ Siehe Notiz

Notizen zur 1. Wohnungscheckliste

2. Checkliste „Wohnungssitz"

Wohungscheckliste für das Objekt:.................................... **Datum:**....................

Lage der Wohnung: ◯ Zentral ◯ Randbezirk ◯ Ländlich

Mietkosten: Im Monat:.................... Im Jahr:....................

Nachlass möglich: ◯ Nein ◯ Ja Wenn:....................

Kautionshöhe: ....

Wer zahlt den Makler: ◯ Vermieter ◯ Mieter Kosten:....................

Nebenkosten: ◯ Vermieter ◯ Mieter Kosten:....................

Objekt klimatisiert: ◯ Heizung ◯ Klimaanlage ◯ Nein

Objekt isoliert: ◯ Nein ◯ Ja Mangel:....................

Zustand Fenster: ◯ Zu öffnen ◯ Isoliert ◯ Siehe Notiz

Stellplatz für das Auto: ◯ Nein ◯ Draußen ◯ Garage

Keller vorhanden: ◯ Nein ◯ Ja ◯ Siehe Notiz

Mängel vorhanden: ◯ Nein ◯ Ja ◯ Siehe Notiz

Lautstärke? ◯ Nein: ◯ Im Haus ◯ Von Draußen

Objekt möbliert: ◯ Nein ◯ Ja ◯ Teilweise

Küche vorhanden: ◯ Nein ◯ Ja ◯ Teilweise

Waschraum: ◯ Badewanne ◯ Dusche ◯ WC separat

Geruchsbelästigung: ◯ Nein ◯ Ja ◯ Siehe Notiz

Wohnung zu Dunkel: ◯ Nein ◯ Ja ◯ Siehe Notiz

Anzahl der Räume: ◯ Eins ◯ Zwei ◯ Drei Anzahl:....................

Haustiere erlaubt: ◯ Nein ◯ Ja ◯ Siehe Notiz

Besonderheiten: ◯ Garten ◯ Balkon ◯ Siehe Notiz

Notizen zur 2. Wohnungscheckliste

3. *Checkliste „Wohnungssitz"*

Wohungscheckliste für das Objekt: .... **Datum:** ....

Lage der Wohnung: ◯ Zentral ◯ Randbezirk ◯ Ländlich

Mietkosten: Im Monat: .... Im Jahr: ....

Nachlass möglich: ◯ Nein ◯ Ja Wenn: ....

Kautionshöhe: ....

Wer zahlt den Makler: ◯ Vermieter ◯ Mieter Kosten: ....

Nebenkosten: ◯ Vermieter ◯ Mieter Kosten: ....

Objekt klimatisiert: ◯ Heizung ◯ Klimaanlage ◯ Nein

Objekt isoliert: ◯ Nein ◯ Ja Mangel: ....

Zustand Fenster: ◯ Zu öffnen ◯ Isoliert ◯ Siehe Notiz

Stellplatz für das Auto: ◯ Nein ◯ Draußen ◯ Garage

Keller vorhanden: ◯ Nein ◯ Ja ◯ Siehe Notiz

Mängel vorhanden: ◯ Nein ◯ Ja ◯ Siehe Notiz

Lautstärke? ◯ Nein: ◯ Im Haus ◯ Von Draußen

Objekt möbliert: ◯ Nein ◯ Ja ◯ Teilweise

Küche vorhanden: ◯ Nein ◯ Ja ◯ Teilweise

Waschraum: ◯ Badewanne ◯ Dusche ◯ WC separat

Geruchsbelästigung: ◯ Nein ◯ Ja ◯ Siehe Notiz

Wohnung zu Dunkel: ◯ Nein ◯ Ja ◯ Siehe Notiz

Anzahl der Räume: ◯ Eins ◯ Zwei ◯ Drei Anzahl: ....

Haustiere erlaubt: ◯ Nein ◯ Ja ◯ Siehe Notiz

Besonderheiten: ◯ Garten ◯ Balkon ◯ Siehe Notiz

Notizen zur 3. Wohnungscheckliste

Links & hilfreiche Seiten

Weitere hilfreiche Informationen zu deiner Auswanderung findest Du auf den folgenden Internetseiten:

Deutsche Bürger:
* DIA Deutsche im Ausland e.V.
  https://www.deutsche-im-ausland.org/
* Auswertiges Amt Deutschland
  https://www.auswaertiges-amt.de/de/service/fragenkatalog-no-de/16-auswandern/606372

Österreichische Bürger:
* Auslandsösterreicher-Weltbund https://www.weltbund.at/

Schweizer Bürger:
* ASO Auslandschweizer-Organisation https://www.aso.ch/

Neben den o.g. Internetseiten, kann ich dir nur empfehlen, dass Du einigen Facebook-Gruppen beitrittst, um Dich mit anderen Auswanderern auszutauschen und zu netzwerken:

Auswanderungs-Facebook-Gruppen mit 1.300 bis 17.000 Mitgliedern:
* Auswandern aus Deutschland
* Auswandern - Kontakte - Hilfe - Erfahrungen
* AUSWANDERN wohin und warum dorthin?!

In den meisten Fällen wird es zu deinem Auswanderungswunschland auch mindestens eine Facebook-Gruppe geben. Du solltest dieser zusätzlich beitreten, da dort die Spezialisten zu deinem Auswanderungsland sind. Sollte es diese Gruppe nicht geben, könntest Du anderen helfen und eine Gruppe gründen. Habe auch keine Angst davor, dass Du diese Gruppe alleine mit Leben füllen musst. In der Regel gibt es schon Auswanderer in deiner neuen Heimat, welche schnell beitreten werden.

Kalender

Verwendung des Kalenders:
Nutze den Kalender und trage dort Deine Etappenziele ein, welche Du Schritt für Schritt erreichen möchtest. So kannst Du jeder Zeit überprüfen, ob Du noch im Zeitplan bist und welche Aufgabe als nächstes auf Dich zukommt.

Der Kalender ist jahresunabhängig gestaltet, dadurch hat dieses Buch auch kein Verfallsdatum. Zudem deckt der Kalender zwei Jahre ab und bietet dir die Möglichkeit, die Auswanderungsaufgaben beispielsweise von März 2021 bis Juni 2022 abzuarbeiten.

Jahreskalender:
Da der Jahreskalender nicht auf ein konkretes Jahr ausgerichtet worden ist, kannst Du die Jahreszahl in der Überschrift und die Wochentage im Monat von deinem aktuellen Jahr hinzufügen.

Ferien und Feiertage für zwei Jahre:
Der Feiertagsplaner ist für alle DACH-Länder nutzbar und auf zwei Jahre ausgelegt. Du kannst die Ferien und Feiertage für Deine aktuellen zwei Jahre vervollständigen und Dich daran orientieren.

Urlaubsplaner:
Der Urlaubsplaner bietet dir die Möglichkeit, Deine Urlaube wie folgt zu erfassen: z. B. Januar 2021 = 3 Tage | 01.-03.

Monatskalender und Notizseiten:
Auch in den Monatskalender kannst Du die Wochentage und die Feiertage für die aktuellen zwei Jahre vervollständigen, um eine bessere Übersicht zu erhalten. Zudem kannst Du neben den Wochentagen Deine zu erledigenden Aufgaben erfassen. Dadurch siehst Du sofort, was an welchen Tag zu erledigen ist. Größere Hinweise, kannst Du auf der Notizseite zum Monat festhalten.

Notizen zum Kalender

Ferien-Notizen

Jahr	Weihnachten	Winter	Ostern & Frühjahr	Himmelfahrt & Pfingsten	Sommer	Herbst	Weihnachten

Feiertage

Feiertag	Jahr	Jahr	A	CH	D	Bundesländer (nur D)
Neujahr	01.01.	01.01.	X	X	X	Alle
Berchtoldstag	02.01.	02.01.	-	X	-	-
Heilige Drei Könige	06.01.	06.01.	X	-	X	BW,BY,ST
Internationaler Frauentag	08.03.	08.03.	-	-	X	BE
Karfreitag			-	X	X	Alle
Ostermontag			X	X	X	Alle
Tag der Arbeit	01.05.	01.05.	X	-	X	Alle
Christi Himmelfahrt			X	X	X	Alle
Pfingstmontag			X	X	X	Alle
Fronleichnam			X	X	X	BW,BY,HE,NW,RP,SH,SL,SN*,TH**
Bundesfeiertag	01.08.	01.08.	-	X	X	-
Maria Himmelfahrt	15.08.	15.08.	X	X	X	BY***,SL
Tag der Deutschen Einheit	03.10.	03.10.	-	-	X	Alle
Nationalfeiertag	26.10.	26.10.	X	-	-	-
Reformationstag	31.10.	31.10.	-	-	X	BB,HB,HH,MV,NI,SN,ST,TH
Allerheiligen	01.11.	01.11.	X	X	X	BW,BY,NW,RP,SL
Buß- und Bettag			X	X	-	SN
Maria Empfängnis	08.12.	08.12.	X	X	-	-
1. Weihnachtstag			X	X	X	Alle
2. Weihnachtstag			X	X	X	Alle

Infos zum Kalender:
Nur in der Stadt Augsburg ist am 08.08. das Augsburger Hohes Friedensfest.
* In Sachsen in Bautzen und im Westlausitzkreis.
** In Thüringen nur teilweise.
*** In den Gemeinden mit überwiegend katholischer Bevölkerung.

Abkürzungen der deutschen Bundesländer:

BW Baden-Württemberg	BY Bayern	BE Berlin	BB Brandenburg
HB Bremen	HH Hamburg	HE Hessen	MV Mecklenburg-Vorpommern
NI Niedersachsen	NW Nordrhein-Westfalen	RP Rheinland-Pfalz	SL Saarland
SN Sachsen	ST Sachsen-Anhalt	SH Schleswig-Holstein	TH Thüringen

Ertes Jahr
Kalender

Januar

Februar

März

April

Mai

Juni

Juli

August

September

Oktober

November

Dezember

Jahreskalender   _Jahr:_ _____

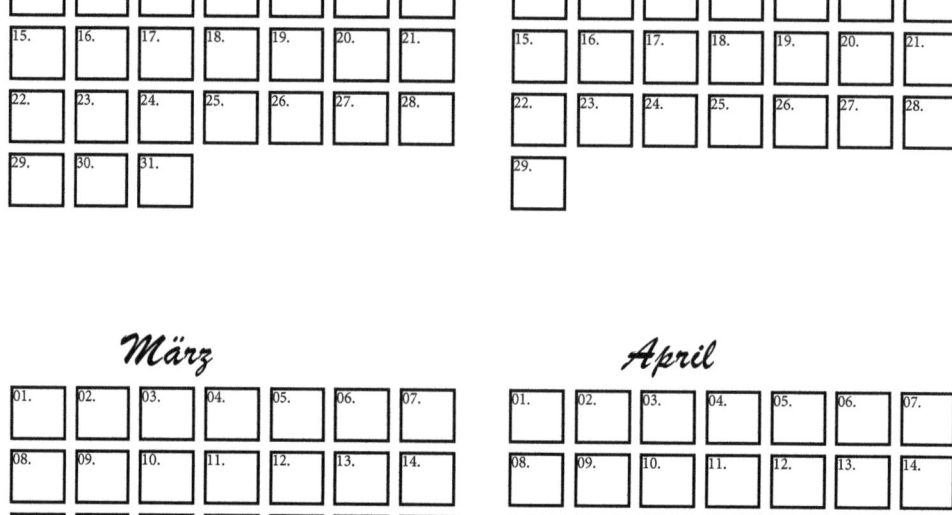

Januar

01.	02.	03.	04.	05.	06.	07.
08.	09.	10.	11.	12.	13.	14.
15.	16.	17.	18.	19.	20.	21.
22.	23.	24.	25.	26.	27.	28.
29.	30.	31.				

Februar

01.	02.	03.	04.	05.	06.	07.
08.	09.	10.	11.	12.	13.	14.
15.	16.	17.	18.	19.	20.	21.
22.	23.	24.	25.	26.	27.	28.
29.						

März

01.	02.	03.	04.	05.	06.	07.
08.	09.	10.	11.	12.	13.	14.
15.	16.	17.	18.	19.	20.	21.
22.	23.	24.	25.	26.	27.	28.
29.	30.	31.				

April

01.	02.	03.	04.	05.	06.	07.
08.	09.	10.	11.	12.	13.	14.
15.	16.	17.	18.	19.	20.	21.
22.	23.	24.	25.	26.	27.	28.
29.	30.					

Mai

01.	02.	03.	04.	05.	06.	07.
08.	09.	10.	11.	12.	13.	14.
15.	16.	17.	18.	19.	20.	21.
22.	23.	24.	25.	26.	27.	28.
29.	30.	31.				

Juni

01.	02.	03.	04.	05.	06.	07.
08.	09.	10.	11.	12.	13.	14.
15.	16.	17.	18.	19.	20.	21.
22.	23.	24.	25.	26.	27.	28.
29.	30.					

Beschreibung: Trage die Kürzel der Wochentage (WT) aus dem jeweiligen Jahr in die Kästchen ein:
MO, DI, MI, DO, FR, SA, SO

Jahreskalender

Jahr:

Juli

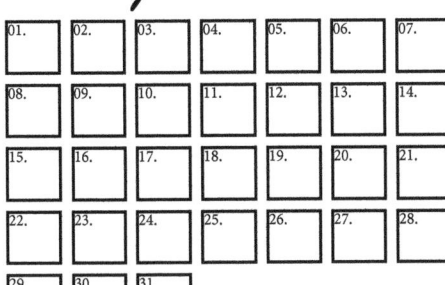

August

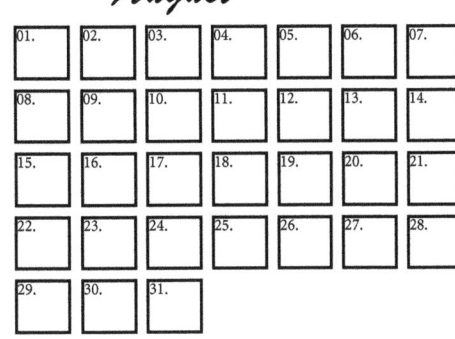

September

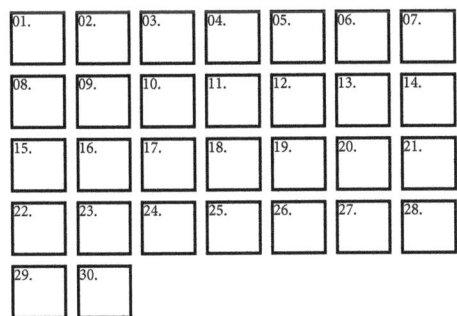

Oktober

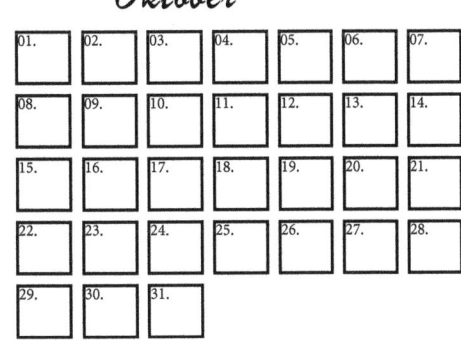

November

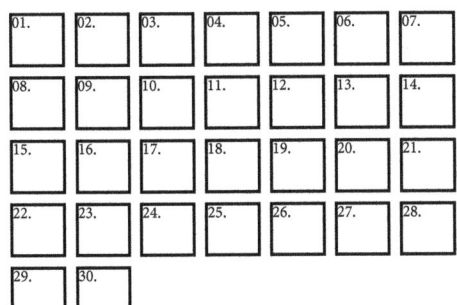

Dezmeber

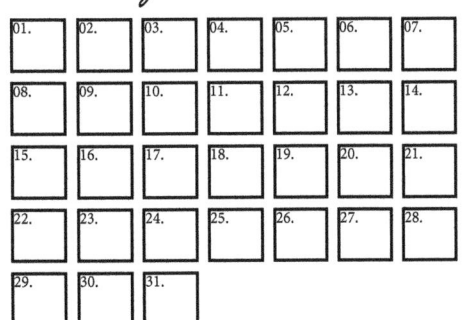

Tag	WT	Notiz	Prio	Ziel	Fällig	Erl.
01.		Neujahr				
02.		Berchtoldstag				
03.						
04.						
05.						
06.		Heilige Drei Könige				
07.						
08.						
09.						
10.						
11.						
12.						
13.						
14.						
15.						
16.						
17.						
18.						
19.						
20.						
21.						
22.						
23.						
24.						
25.						
26.						
27.						
28.						
29.						
30.						
31.						

Notizen zum Januar

Tag	WT	Notiz	Prio	Ziel	Fällig	Erl.
01.						
02.						
03.						
04.						
05.						
06.						
07.						
08.						
09.						
10.						
11.						
12.						
13.						
14.						
15.						
16.						
17.						
18.						
19.						
20.						
21.						
22.						
23.						
24.						
25.						
26.						
27.						
28.						
29.						

Notizen zum Februar

Tag	WT	Notiz	Prio	Ziel	Fällig	Erl.
01.						
02.						
03.						
04.						
05.						
06.						
07.						
08.		Internationaler Frauentag				
09.						
10.						
11.						
12.						
13.						
14.						
15.						
16.						
17.						
18.						
19.						
20.						
21.						
22.						
23.						
24.						
25.						
26.						
27.						
28.						
29.						
30.						
31.						

Notizen zum März

Aufgaben

Tag	WT	Notiz	Prio	Ziel	Fällig	Erl.
01.						
02.						
03.						
04.						
05.						
06.						
07.						
08.						
09.						
10.						
11.						
12.						
13.						
14.						
15.						
16.						
17.						
18.						
19.						
20.						
21.						
22.						
23.						
24.						
25.						
26.						
27.						
28.						
29.						
30.						

Notizen zum April

Mai 20.. _Aufgaben_

Tag	WT	Notiz	Prio	Ziel	Fällig	Erl.
01.		Tag der Arbeit				
02.						
03.						
04.						
05.						
06.						
07.						
08.						
09.						
10.						
11.						
12.						
13.						
14.						
15.						
16.						
17.						
18.						
19.						
20.						
21.						
22.						
23.						
24.						
25.						
26.						
27.						
28.						
29.						
30.						
31.						

Notizen zum Mai

Juni 20..   *Aufgaben*

Tag	WT	Notiz	Prio	Ziel	Fällig	Erl.
01.						
02.						
03.						
04.						
05.						
06.						
07.						
08.						
09.						
10.						
11.						
12.						
13.						
14.						
15.						
16.						
17.						
18.						
19.						
20.						
21.						
22.						
23.						
24.						
25.						
26.						
27.						
28.						
29.						
30.						

Notizen zum Juni

Tag	WT	Notiz		Prio	Ziel	Fällig	Erl.
01.							
02.							
03.							
04.							
05.							
06.							
07.							
08.							
09.							
10.							
11.							
12.							
13.							
14.							
15.							
16.							
17.							
18.							
19.							
20.							
21.							
22.							
23.							
24.							
25.							
26.							
27.							
28.							
29.							
30.							
31.							

Notizen zum Juli

Tag	WT	Notiz	Prio	Ziel	Fällig	Erl.
01.		Bundesfeiertag				
02.						
03.						
04.						
05.						
06.						
07.						
08.		Hohes Friedensfest				
09.						
10.						
11.						
12.						
13.						
14.						
15.		Maria Himmelfahrt				
16.						
17.						
18.						
19.						
20.						
21.						
22.						
23.						
24.						
25.						
26.						
27.						
28.						
29.						
30.						
31.						

Notizen zum August

Tag	WT	Notiz		Prio	Ziel	Fällig	Erl.
01.							
02.							
03.							
04.							
05.							
06.							
07.							
08.							
09.							
10.							
11.							
12.							
13.							
14.							
15.							
16.							
17.							
18.							
19.							
20.							
21.							
22.							
23.							
24.							
25.							
26.							
27.							
28.							
29.							
30.							

Notizen zum September

Aufgaben

Tag	WT	Notiz		Prio	Ziel	Fällig	Erl.
01.							
02.							
03.		Tag der Deutschen Einheit					
04.							
05.							
06.							
07.							
08.							
09.							
10.							
11.							
12.							
13.							
14.							
15.							
16.							
17.							
18.							
19.							
20.							
21.							
22.							
23.							
24.							
25.							
26.		Nationalfeiertag					
27.							
28.							
29.							
30.							
31.		Reformationstag					

Notizen zum Oktober

Tag	WT	Notiz		Prio	Ziel		Fällig	Erl.
01.		Allerheiligen						
02.								
03.								
04.								
05.								
06.								
07.								
08.								
09.								
10.								
11.								
12.								
13.								
14.								
15.								
16.								
17.								
18.								
19.								
20.								
21.								
22.								
23.								
24.								
25.								
26.								
27.								
28.								
29.								
30.								

Notizen zum November

Dezember 20..   Aufgaben

Tag	WT	Notiz	Prio	Ziel	Fällig	Erl.
01.						
02.						
03.						
04.						
05.						
06.						
07.						
08.		Maria Empfängnis				
09.						
10.						
11.						
12.						
13.						
14.						
15.						
16.						
17.						
18.						
19.						
20.						
21.						
22.						
23.						
24.						
25.						
26.						
27.						
28.						
29.						
30.						
31.						

Notizen zum Dezember

Zweites Jahr
Kalender

Urlaubsplaner   Jahr:

Januar

Februar

März

April

Mai

Juni

Juli

August

September

Oktober

November

Dezember

Jahreskalender   Jahr:

Januar

01.	02.	03.	04.	05.	06.	07.
08.	09.	10.	11.	12.	13.	14.
15.	16.	17.	18.	19.	20.	21.
22.	23.	24.	25.	26.	27.	28.
29.	30.	31.				

Februar

01.	02.	03.	04.	05.	06.	07.
08.	09.	10.	11.	12.	13.	14.
15.	16.	17.	18.	19.	20.	21.
22.	23.	24.	25.	26.	27.	28.
29.						

März

01.	02.	03.	04.	05.	06.	07.
08.	09.	10.	11.	12.	13.	14.
15.	16.	17.	18.	19.	20.	21.
22.	23.	24.	25.	26.	27.	28.
29.	30.	31.				

April

01.	02.	03.	04.	05.	06.	07.
08.	09.	10.	11.	12.	13.	14.
15.	16.	17.	18.	19.	20.	21.
22.	23.	24.	25.	26.	27.	28.
29.	30.					

Mai

01.	02.	03.	04.	05.	06.	07.
08.	09.	10.	11.	12.	13.	14.
15.	16.	17.	18.	19.	20.	21.
22.	23.	24.	25.	26.	27.	28.
29.	30.	31.				

Juni

01.	02.	03.	04.	05.	06.	07.
08.	09.	10.	11.	12.	13.	14.
15.	16.	17.	18.	19.	20.	21.
22.	23.	24.	25.	26.	27.	28.
29.	30.					

Beschreibung: Trage die Kürzel der Wochentage (WT) aus dem jeweiligen Jahr in die Kästchen ein:
MO, DI, MI, DO, FR, SA, SO

Juli

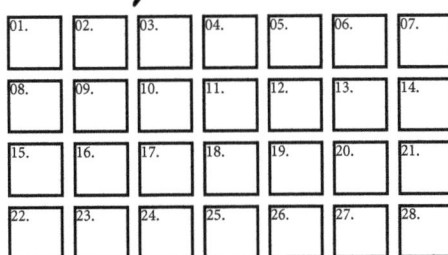

August

September

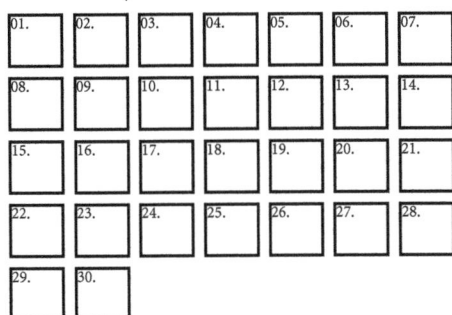

Oktober

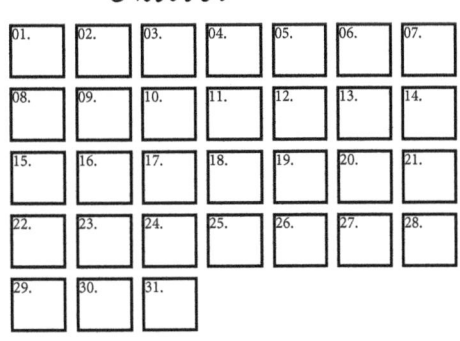

November

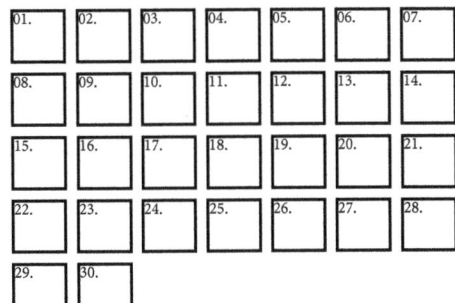

Dezmeber

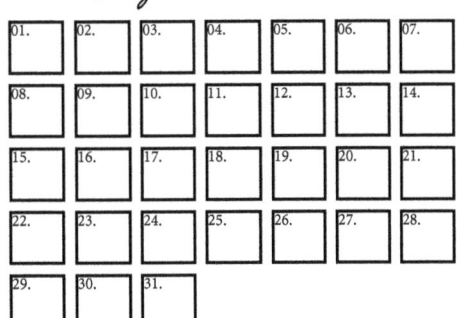

Tag	WT	Notiz	Prio	Ziel	Fällig	Erl.
01.		Neujahr				
02.		Berchtoldstag				
03.						
04.						
05.						
06.		Heilige Drei Könige				
07.						
08.						
09.						
10.						
11.						
12.						
13.						
14.						
15.						
16.						
17.						
18.						
19.						
20.						
21.						
22.						
23.						
24.						
25.						
26.						
27.						
28.						
29.						
30.						
31.						

Notizen zum Januar

Tag	WT	Notiz		Prio	Ziel		Fällig	Erl.
01.								
02.								
03.								
04.								
05.								
06.								
07.								
08.								
09.								
10.								
11.								
12.								
13.								
14.								
15.								
16.								
17.								
18.								
19.								
20.								
21.								
22.								
23.								
24.								
25.								
26.								
27.								
28.								
29.								

Notizen zum Februar

Aufgaben

Tag	WT	Notiz	Prio	Ziel	Fällig	Erl.
01.						
02.						
03.						
04.						
05.						
06.						
07.						
08.		Internationaler Frauentag				
09.						
10.						
11.						
12.						
13.						
14.						
15.						
16.						
17.						
18.						
19.						
20.						
21.						
22.						
23.						
24.						
25.						
26.						
27.						
28.						
29.						
30.						
31.						

Notizen zum März

April 20..   Aufgaben

Tag	WT	Notiz	Prio	Ziel	Fällig	Erl.
01.						
02.						
03.						
04.						
05.						
06.						
07.						
08.						
09.						
10.						
11.						
12.						
13.						
14.						
15.						
16.						
17.						
18.						
19.						
20.						
21.						
22.						
23.						
24.						
25.						
26.						
27.						
28.						
29.						
30.						

Notizen zum April

Tag	WT	Notiz	Prio	Ziel	Fällig	Erl.
01.		Tag der Arbeit				
02.						
03.						
04.						
05.						
06.						
07.						
08.						
09.						
10.						
11.						
12.						
13.						
14.						
15.						
16.						
17.						
18.						
19.						
20.						
21.						
22.						
23.						
24.						
25.						
26.						
27.						
28.						
29.						
30.						
31.						

Notizen zum Mai

Juni 20..   Aufgaben

Tag	WT	Notiz		Prio	Ziel	Fällig	Erl.
01.							
02.							
03.							
04.							
05.							
06.							
07.							
08.							
09.							
10.							
11.							
12.							
13.							
14.							
15.							
16.							
17.							
18.							
19.							
20.							
21.							
22.							
23.							
24.							
25.							
26.							
27.							
28.							
29.							
30.							

Notizen zum Juni

Tag	WT	Notiz	Prio	Ziel	Fällig	Erl.
01.						
02.						
03.						
04.						
05.						
06.						
07.						
08.						
09.						
10.						
11.						
12.						
13.						
14.						
15.						
16.						
17.						
18.						
19.						
20.						
21.						
22.						
23.						
24.						
25.						
26.						
27.						
28.						
29.						
30.						
31.						

Notizen zum Juli

Tag	WT	Notiz	Prio	Ziel	Fällig	Erl.
01.		Bundesfeiertag				
02.						
03.						
04.						
05.						
06.						
07.						
08.		Hohes Friedensfest				
09.						
10.						
11.						
12.						
13.						
14.						
15.		Maria Himmelfahrt				
16.						
17.						
18.						
19.						
20.						
21.						
22.						
23.						
24.						
25.						
26.						
27.						
28.						
29.						
30.						
31.						

Notizen zum August

Tag	WT	Notiz		Prio	Ziel	Fällig	Erl.
01.							
02.							
03.							
04.							
05.							
06.							
07.							
08.							
09.							
10.							
11.							
12.							
13.							
14.							
15.							
16.							
17.							
18.							
19.							
20.							
21.							
22.							
23.							
24.							
25.							
26.							
27.							
28.							
29.							
30.							

Notizen zum September

Tag	WT	Notiz	Prio	Ziel	Fällig	Erl.
01.						
02.						
03.		Tag der Deutschen Einheit				
04.						
05.						
06.						
07.						
08.						
09.						
10.						
11.						
12.						
13.						
14.						
15.						
16.						
17.						
18.						
19.						
20.						
21.						
22.						
23.						
24.						
25.						
26.		Nationalfeiertag				
27.						
28.						
29.						
30.						
31.		Reformationstag				

Notizen zum Oktober

Tag	WT	Notiz	Prio	Ziel	Fällig	Erl.
01.		Allerheiligen				
02.						
03.						
04.						
05.						
06.						
07.						
08.						
09.						
10.						
11.						
12.						
13.						
14.						
15.						
16.						
17.						
18.						
19.						
20.						
21.						
22.						
23.						
24.						
25.						
26.						
27.						
28.						
29.						
30.						

Notizen zum November

Dezember 20.. Aufgaben

Tag	WT	Notiz	Prio	Ziel	Fällig	Erl.
01.						
02.						
03.						
04.						
05.						
06.						
07.						
08.		Maria Empfängnis				
09.						
10.						
11.						
12.						
13.						
14.						
15.						
16.						
17.						
18.						
19.						
20.						
21.						
22.						
23.						
24.						
25.						
26.						
27.						
28.						
29.						
30.						
31.						

Notizen zum Dezember

Wichtige Kontakte

Gerade am Anfang ist es wichtig Deine Auswanderungskontakte zu pflegen und griffbereit zu haben.

Trage beispielsweise die Kontakte von Auswanderern aus Stammtischen, Facebookgruppen, Auswanderungsagenturen, Dolmetschern, Versicherungen, Vermieter, etc. hier ein.

So hast Du alle relevanten Kontakte in einem Buch gebündelt und musst diese nicht immer wieder suchen.

I know someone who can help me!

Wichtige Kontakte

Name

Adresse

Telefon

Email

Name

Adresse

Telefon

Email

Name

Adresse

Telefon

Email

Name

Adresse

Telefon

Email

Name

Adresse

Telefon

Email

Name

Adresse

Telefon

Email

Wichtige Kontakte

Name

Adresse

Telefon

Email

Name

Adresse

Telefon

Email

Name

Adresse

Telefon

Email

Name

Adresse

Telefon

Email

Name

Adresse

Telefon

Email

Name

Adresse

Telefon

Email

Wichtige Kontakte

Name

Adresse

Telefon

Email

Name

Adresse

Telefon

Email

Name

Adresse

Telefon

Email

Name

Adresse

Telefon

Email

Name

Adresse

Email

Sonstiges

Name

Adresse

Telefon

Email

Wichtige Kontakte

Name

Adresse

Telefon

Email

Name

Adresse

Telefon

Email

Name

Adresse

Telefon

Email

Name

Adresse

Telefon

Email

Name

Adresse

Telefon

Email

Name

Adresse

Telefon

Email

Wichtige Kontakte

Name

Adresse

Telefon

Email

Name

Adresse

Telefon

Email

Name

Adresse

Telefon

Sonstiges

Name

Adresse

Telefon

Email

Name

Adresse

Telefon

Email

Name

Adresse

Telefon

Email

Wichtige Kontakte

Name

Adresse

Telefon

Email

Name

Adresse

Telefon

Email

Name

Adresse

Telefon

Email

Name

Adresse

Telefon

Email

Name

Adresse

Telefon

Email

Name

Adresse

Telefon

Email

Wichtige Kontakte

Name

Adresse

Telefon

Email

Name

Adresse

Telefon

Email

Name

Adresse

Telefon

Email

Name

Adresse

Telefon

Email

Name

Adresse

Telefon

Email

Name

Adresse

Telefon

Email

Eigene Notizen
liniert

Da das Buch länderunspezifisch ist und dir nur bei den generellen Auswanderungsaufgaben helfen kann, solltest Du Dich über die Besonderheiten und Bestimmungen deines Wunsch-Auswanderungsland erkundigen.

Die folgenden Seiten habe ich für Dich freigehalten, damit Du Deine eigenen Notizen z. B. Informationen und Hinweise zu deiner neuen Heimat dort festhalten kannst. Dadurch kannst Du alle wichtigen Erkenntnisse zu deiner Auswanderung in einem Buch bündeln.

Notizen

Notizen

Notizen

Notizen

Notizen

Notizen

Notizen

Notizen

Notizen

Notizen

Notizen

Notizen

Notizen

Notizen

Notizen

Notizen

Notizen

Eigene Notizen
dotted

Notizen

Notizen

Notizen

Notizen

Notizen

Notizen

Notizen

Notizen

Notizen

Notizen

Notizen

Notizen

Notizen

Notizen

Notizen

Notizen

Finde Deinen Lieblingsort!

Ersatzformulare

Finanzielle Verpflichtungen & erwartete Briefe

Datum	Art	Text	Betrag / Brief

Finanzielle Verpflichtungen & erwartete Briefe

Datum	Art	Text	Betrag / Brief

Party Planning *Checklist* ABSCHIEDS

Erste Planungsschritte

Tipp: Plane ca. sechs Wochen oder mehr für die Abschiedspartyvorbereitungen ein. Schiebe es nicht ganz hinten raus, da die Event-Vorbereitungen sich ggf. mit der Auswanderungsparty kollidiert.

Entscheide über folgende Punkte:

○ Datum: ....
○ Art der Party: ....
○ Thema: ....
○ Veranstaltungsort: ....

....

○ Gästeliste: ....
○ Budget: ....

Externen Dienstleistungen:

○ Caterer: ....
○ Barkeeper: ....
○ Servicekräfte: ....
○ Unterhaltung: ....
○ Reinigung: ....
○ Dekorateur: ....
○ Anreisemöglichkeiten: ....

....

Essen & Trinken

○ **Essen:** Wenn Du selbst Essen zubereitest, organisiere dir Rezepte und stell dir eine Liste der Zutaten zusammen, welche zu besorgen sind. Falls jeder etwas mitbringen soll (Potlack-Party), stimme Dich mit allen ab was bzw. lass die Partygäste untereinander z. B. in einer Whatsapp-Gruppe abstimmen.

○ **Zeitplan:** Erstelle einen Zeitplan für die Vorbereitung der Speisen, die Du machst, damit diese rechtzeitig zubereitet werden. Ggf. ist einfrieren möglich.

○ **Besorge** Tischdecken, Geschirr, Gläser, Besteck, Stühle, Tische und Servierplatten, etc. Organisiere alles, was Du nicht hast (leihen oder mieten).

○ **Kaufe** Wein, Bier, Spirituosen, Knabberzeug und Dekorationen.

○ **Tipp:** Baue ein Buffet an einem extra Tisch auf, damit alle Gäste an den restlichen Tischen genug Platz haben.

Noch eine Woche

○ **Gästeliste:** Erstelle eine Liste mit allen Gästen, die noch nicht geantwortet haben und schicke diesen eine Erinnerung.

○ **Miete:** Bestätige alle Mietreservierungen (Ort / Möbel etc.).

○ **Zubereitungen:** Bereite alle Speisen vor, welche frisch sein sollen, aber ggf. ziehen müssen wie z. B. Kartoffelsalate.

○ **Einkäufe:** Gehe nochmal die Liste für alle Besorgungen durch und erstelle daraus eine Einkaufsliste für alle Dinge, die kurz vorher besorgt werden müssen: Lebensmitteln, Getränken, usw.

Noch zwei Tage

○ **Speisen vorbereiten:** Lege alle tiefgefrorenen Lebensmittel zum Auftauen in den Kühlschrank.

○ **Aktivitäten:** Überlege dir Aktivitäten wie z. B. Spiele, Erinnerungen in Form von einer Fotowand oder Abschiedstagebuch, Gabentisch...

○ **Grobe Vorbereitungen:** Sofern erforderlich, bereite die Partymöbel, Geschirr, usw. so weit wie es geht vor. Reinigen der Möbel, bügeln der Tischdecken, Geschirr waschen, Gläser und Besteck polieren, etc.

Noch einen Tag

○ **Einkäufe:** Kaufe die letzten Sachen ein.

○ **Letzte Zubereitungen:** Bereite die letzten Speisen zu.

○ **Feinschliff:** Decke die Tische und stell die großen Dekorationen auf.

Last-Minute

○ **Noch wenige Handgriffe:** Finalisiere die Einrichtung des Buffets, der Bar, der Tische und Stühle, die Aktivitäten z. B. Fotowand mit Polaroid-Kamera, Gabentisch usw.

○ **Last-Minute Schritt:** Stell die letzten Dekorationen z. B. Blumen auf.

○ **Stilles aber voll ausgestattetes Örtchen:** Achte darauf, dass das Badezimmer sauber und mit Handtüchern und Toilettenpapier ausgestattet ist.

○ **DIE GETRÄNKE! ;)** Stelle ca. vier Stunden vor der Party die Softdrinks, das Bier, den Sekt und den Wein kalt.

Party
Planning *ABSCHIEDS* ***Checklist***

Party Planning *Checklist* ABSCHIEDS

Erste Planungsschritte

Tipp: Plane ca. sechs Wochen oder mehr für die Abschiedspartyvorbereitungen ein. Schiebe es nicht ganz hinten raus, da die Event-Vorbereitungen sich ggf. mit der Auswanderungsparty kollidiert.

Entscheide über folgende Punkte:
○ Datum: ....
○ Art der Party: ....
○ Thema: ....
○ Veranstaltungsort: ....

....

○ Gästeliste: ....
○ Budget: ....

Externen Dienstleistungen:
○ Caterer: ....
○ Barkeeper: ....
○ Servicekräfte: ....
○ Unterhaltung: ....
○ Reinigung: ....
○ Dekorateur: ....
○ Anreisemöglichkeiten: ....

....

Essen & Trinken

○ **Essen:** Wenn Du selbst Essen zubereitest, organisiere dir Rezepte und stell dir eine Liste der Zutaten zusammen, welche zu besorgen sind. Falls jeder etwas mitbringen soll (Potlack-Party), stimme Dich mit allen ab was bzw. lass die Partygäste untereinander z. B. in einer Whatsapp-Gruppe abstimmen.

○ **Zeitplan:** Erstelle einen Zeitplan für die Vorbereitung der Speisen, die Du machst, damit diese rechtzeitig zubereitet werden. Ggf. ist einfrieren möglich.

○ **Besorge** Tischdecken, Geschirr, Gläser, Besteck, Stühle, Tische und Servierplatten, etc. Organisiere alles, was Du nicht hast (leihen oder mieten).

○ **Kaufe** Wein, Bier, Spirituosen, Knabberzeug und Dekorationen.

○ **Tipp:** Baue ein Buffet an einem extra Tisch auf, damit alle Gäste an den restlichen Tischen genug Platz haben.

Noch eine Woche

○ **Gästeliste:** Erstelle eine Liste mit allen Gästen, die noch nicht geantwortet haben und schicke diesen eine Erinnerung.

○ **Miete:** Bestätige alle Mietreservierungen (Ort / Möbel etc.).

○ **Zubereitungen:** Bereite alle Speisen vor, welche frisch sein sollen, aber ggf. ziehen müssen wie z. B. Kartoffelsalate.

○ **Einkäufe:** Gehe nochmal die Liste für alle Besorgungen durch und erstelle daraus eine Einkaufsliste für alle Dinge, die kurz vorher besorgt werden müssen: Lebensmitteln, Getränken, usw.

Noch zwei Tage

○ **Speisen vorbereiten:** Lege alle tiefgefrorenen Lebensmittel zum Auftauen in den Kühlschrank.

○ **Aktivitäten:** Überlege dir Aktivitäten wie z. B. Spiele, Erinnerungen in Form von einer Fotowand oder Abschiedstagebuch, Gabentisch...

○ **Grobe Vorbereitungen:** Sofern erforderlich, bereite die Partymöbel, Geschirr, usw. so weit wie es geht vor. Reinigen der Möbel, bügeln der Tischdecken, Geschirr waschen, Gläser und Besteck polieren, etc.

Noch einen Tag

○ **Einkäufe:** Kaufe die letzten Sachen ein.

○ **Letzte Zubereitungen:** Bereite die letzten Speisen zu.

○ **Feinschliff:** Decke die Tische und stell die großen Dekorationen auf.

Last-Minute

○ **Noch wenige Handgriffe:** Finalisiere die Einrichtung des Buffets, der Bar, der Tische und Stühle, die Aktivitäten z. B. Fotowand mit Polaroid-Kamera, Gabentisch usw.

○ **Last-Minute Schritt:** Stell die letzten Dekorationen z. B. Blumen auf.

○ **Stilles aber voll ausgestattetes Örtchen:** Achte darauf, dass das Badezimmer sauber und mit Handtüchern und Toilettenpapier ausgestattet ist.

○ **DIE GETRÄNKE! ;)** Stelle ca. vier Stunden vor der Party die Softdrinks, das Bier, den Sekt und den Wein kalt.

Party
Planning *Checklist*
ABSCHIEDS

meine Packliste

Finanzen

- [ ] EC-Karte
- [ ] Kreditkarte
- [ ] Bargeld / Währung
- [ ] Bank-Kontaktdaten
- [ ] Geldbörse
- [ ]
- [ ]
- [ ]

Ausweise

- [ ] Personalausweis
- [ ] Reisepass
- [ ] Führerschein
- [ ] Krankenkassenkarte
- [ ] Impfpass
- [ ]
- [ ]
- [ ]

Unterlagen

- [ ] Dokumentenmappe
- [ ] Zug- / Flugticket
- [ ] Reservierungen
- [ ] Visum
- [ ] Karten
- [ ] Reiseführer
- [ ] Notfallkontakte
- [ ]
- [ ]
- [ ]

Hygieneartikel

- [ ] Zip-Beutel (Flugzeug)
- [ ] Kulturbeutel
- [ ] Duschzeug
- [ ] Rasierer
- [ ] Deo
- [ ] Zahnpflege
- [ ] Pflegecremes
- [ ] Sonnenschutz
- [ ] Wattepads- / Stäbchen
- [ ] Bürste / Kamm
- [ ] Handwaschmittel
- [ ] Verhüttungsmittel
- [ ] Taschentücher
- [ ]
- [ ]
- [ ]

Optionale Utensilien

- [ ] Haargummi
- [ ] Ab- u. Schminke
- [ ] Damenhygieneartikel
- [ ] Kontaktlinsen
- [ ] Nagelpflege
- [ ] Taschentücher
- [ ]
- [ ]

Reiseapotheke

- [ ] Pers. Medikamente
- [ ] Wund- u. Blasenpflaster
- [ ] Schmerz- / Fiebermittel
- [ ] Magendarmmittel
- [ ] Allergiemittel
- [ ] Wundsalbe
- [ ] Mückenschutz
- [ ] Kaugummi (Flug)
- [ ]
- [ ]
- [ ]

Technik und Zubehör

- [ ] Handy u. Powerbank
- [ ] Ladekabel
- [ ] Kopfhörer
- [ ] Steckdosenadapter
- [ ] Kamera u. Zubehör
- [ ] Laptop / Tablet
- [ ] E-Book-Reader
- [ ] Prepaidkarte
- [ ]
- [ ]

meine Packliste

Kleidung

- [ ] Shorts
- [ ] Kleider u. Röcke
- [ ] T-Shirts / Tops
- [ ] lange Hose
- [ ] Pullover / Strickjacke
- [ ] Jacken
- [ ] Unterwäsche
- [ ] Socken
- [ ] Ausgehkleidung
- [ ] Schlafanzug
- [ ] Sportbekleidung
- [ ] Badebekleidung
- [ ] Feste Schuhe
- [ ] Offene Schuhe
- [ ] Ausgehschuhe
- [ ]
- [ ]
- [ ]

Spezial

- [ ]
- [ ]
- [ ]
- [ ]
- [ ]
- [ ]
- [ ]

Sonstiges

- [ ] Bade- u. Strandtuch
- [ ] Badetasche/ Beutel
- [ ] Wasserdichtes Dry Bag
- [ ] Regenschirm
- [ ] Oropax
- [ ] Schlafmaske
- [ ] Nackenkissen
- [ ] Auffüllbare Flaschen
- [ ] Zahlenschloss (Gepäck)
- [ ] Brille und Sonnenbrille
- [ ] Gürtel
- [ ] Hut / Mütze
- [ ] Schal / Tuch
- [ ] Nagelpflege
- [ ]

Wichtiges

- [ ]
- [ ]
- [ ]
- [ ]
- [ ]
- [ ]
- [ ]

Individuell

- [ ]
- [ ]
- [ ]
- [ ]
- [ ]
- [ ]
- [ ]
- [ ]
- [ ]
- [ ]
- [ ]
- [ ]
- [ ]

Für Unterwegs

- [ ] Bücher
- [ ] Zeitschriften
- [ ]
- [ ]
- [ ]
- [ ]
- [ ]

meine Packliste

Finanzen

- [ ] EC-Karte
- [ ] Kreditkarte
- [ ] Bargeld / Währung
- [ ] Bank-Kontaktdaten
- [ ] Geldbörse
- [ ]
- [ ]
- [ ]

Ausweise

- [ ] Personalausweis
- [ ] Reisepass
- [ ] Führerschein
- [ ] Krankenkassenkarte
- [ ] Impfpass
- [ ]
- [ ]
- [ ]

Unterlagen

- [ ] Dokumentenmappe
- [ ] Zug- / Flugticket
- [ ] Reservierungen
- [ ] Visum
- [ ] Karten
- [ ] Reiseführer
- [ ] Notfallkontakte
- [ ]
- [ ]
- [ ]

Hygieneartikel

- [ ] Zip-Beutel (Flugzeug)
- [ ] Kulturbeutel
- [ ] Duschzeug
- [ ] Rasierer
- [ ] Deo
- [ ] Zahnpflege
- [ ] Pflegecremes
- [ ] Sonnenschutz
- [ ] Wattepads- / Stäbchen
- [ ] Bürste / Kamm
- [ ] Handwaschmittel
- [ ] Verhüttungsmittel
- [ ] Taschentücher
- [ ]
- [ ]

Optionale Utensilien

- [ ] Haargummi
- [ ] Ab- u. Schminke
- [ ] Damenhygieneartikel
- [ ] Kontaktlinsen
- [ ] Nagelpflege
- [ ] Taschentücher
- [ ]
- [ ]

Reiseapotheke

- [ ] Pers. Medikamente
- [ ] Wund- u. Blasenpflaster
- [ ] Schmerz- / Fiebermittel
- [ ] Magendarmmittel
- [ ] Allergiemittel
- [ ] Wundsalbe
- [ ] Mückenschutz
- [ ] Kaugummi (Flug)
- [ ]
- [ ]

Technik und Zubehör

- [ ] Handy u. Powerbank
- [ ] Ladekabel
- [ ] Kopfhörer
- [ ] Steckdosenadapter
- [ ] Kamera u. Zubehör
- [ ] Laptop / Tablet
- [ ] E-Book-Reader
- [ ] Prepaidkarte
- [ ]
- [ ]

Packliste

Kleidung

- ☐ Shorts
- ☐ Kleider u. Röcke
- ☐ T-Shirts / Tops
- ☐ lange Hose
- ☐ Pullover / Strickjacke
- ☐ Jacken
- ☐ Unterwäsche
- ☐ Socken
- ☐ Ausgehkleidung
- ☐ Schlafanzug
- ☐ Sportbekleidung
- ☐ Badebekleidung
- ☐ Feste Schuhe
- ☐ Offene Schuhe
- ☐ Ausgehschuhe
- ☐
- ☐
- ☐

Spezial

- ☐
- ☐
- ☐
- ☐
- ☐
- ☐
- ☐
- ☐

Sonstiges

- ☐ Bade- u. Strandtuch
- ☐ Badetasche/ Beutel
- ☐ Wasserdichtes Dry Bag
- ☐ Regenschirm
- ☐ Oropax
- ☐ Schlafmaske
- ☐ Nackenkissen
- ☐ Auffüllbare Flaschen
- ☐ Zahlenschloss (Gepäck)
- ☐ Brille und Sonnenbrille
- ☐ Gürtel
- ☐ Hut / Mütze
- ☐ Schal / Tuch
- ☐ Nagelpflege
- ☐

Wichtiges

- ☐
- ☐
- ☐
- ☐
- ☐
- ☐
- ☐
- ☐

Individuell

- ☐
- ☐
- ☐
- ☐
- ☐
- ☐
- ☐
- ☐
- ☐
- ☐
- ☐

Für Unterwegs

- ☐ Bücher
- ☐ Zeitschriften
- ☐
- ☐
- ☐
- ☐
- ☐

Abenteuer Auswanderung

Wer sich auf seine Auswanderung gut vorbereitet, wird in seinem neuen Heimatland schneller Wurzeln schlagen. Trenne Dich von dem Gedanken, dass es sich nur um eine Auswanderung auf Zeit handelt, da es wie eine Fahrt mit angezogener Handbremse ist und Du Dich möglicherweise in deinem neuen Wunschland nicht beheimatet fühlen wirst.

Leben heißt Abenteuer!

Alex Glastollen über sein Ratgeber-Journal

Alex Glastollen liebt es zu Reisen und die Welt zu erkunden. Ende 2012 entschloss er sich dann auszuwandern und sich in ein neues Abenteuer zu stürzen, um einen neuen Blickwinkel erlangen.

Sehr unorganisiert und voller Tatendrang, stellte sich Alex bei seiner ersten Auswanderung die Fragen, warum es eigentlich keinen Ratgeber mit praktischen Tipps und strukturierten Checkliste mit To-Go gab.

Deshalb entschloss er sich, anderen Auswanderern bei ihrem Traum mit diesem Buch zu helfen.

„Ich bin froh, dass meine Auswanderungspläne mich überall hingetragen haben und das ich andere Länder nicht nur bereist habe, sondern auch im Zusammenleben mit den Einheimischen einen neuen Blickwinkel auf die Welt bekommen habe. Ich würde mir wünschen, dass jeder die Chance bekommt überall zu leben!"

Hast Du Fragen, Anregungen oder Kritik? Dann kontaktiere mich gerne:

Webseite:	www.JT-Helmke-Publishing.com
E-Mail:	jt.helmke.publishing@gmail.com
Pinterest:	JT Helmke Books
Instagram:	Book lovers

Impressum:

Autor:	Copyright © 2020 Alex Glastollen
E-Mail:	jt.helmke.publishing@gmail.com
Verlag:	Independent / Self-Publishing
Anschrift:	JT Helmke Publishing Ltd, Sotiraki Markidi Avenue 25, 8036 Paphos, Cyprus
Fotos:	Eigene Bilder, Pexels & Pixabay

Quellenangaben:

https://www.juraforum.de/lexikon/generalvollmacht

https://www.malteser.de/patientenverfuegung.html

https://www.kuendigung-vorlagen.de/vorlage-kuendigungsschreiben-dsl/

https://www.afa-anwalt.de/arbeitsrecht-ratgeber/kuendigung/muster-ku-endigung-arbeitnehmer/

https://auslandskarriere.de/beste-laender-zum-auswandern/?lang=en

https://www.auswandertips.com/auswanderungslaender/

https://www.auswandern-schweiz.net/

Haftungssauschluss & Urheberrecht

Keep

discovering

the world!

Alex Glastollen

Druckhinweis:

Libri Plureos GmbH